MANUAL JURÍDICO DA HABITAÇÃO

- **Ficha Técnica da Habitação**
- **Novo regime das actividades de Mediação Imobiliária e de Angariação Imobiliária**

- **Modelos, Minutas, Contratos e Requerimentos do Novo Regime da Habitação**

MARIA MANUEL BUSTO
Jurista

MANUAL JURÍDICO DA HABITAÇÃO

- Ficha Técnica da Habitação
- Novo regime das actividades de Mediação Imobiliária e de Angariação Imobiliária

- Modelos, Minutas, Contratos e Requerimentos do Novo Regime da Habitação

ALMEDINA

TÍTULO:	MANUAL JURÍDICO DA HABITAÇÃO
AUTOR:	MARIA MANUEL BUSTO
EDITOR:	EDIÇÕES ALMEDINA, SA Rua da Estrela, n.º 6 3000-161 Coimbra Telef.: 239 851 904 Fax: 239 851 901 www.almedina.net editora@almedina.net
EXECUÇÃO GRÁFICA:	G.C. – GRÁFICA DE COIMBRA, LDA. Palheira – Assafarge 3001-453 Coimbra producao@graficadecoimbra.pt
	JANEIRO, 2005
DEPÓSITO LEGAL:	220726/04

Toda a reprodução desta obra, por fotocópia ou outro qualquer processo, sem prévia autorização escrita do Editor, é ilícita e passível de procedimento judicial contra o infractor.

PREFÁCIO

O sector dos mercados de obras públicas e particulares e do imobiliário tem sido alvo, recentemente, de uma série de medidas legislativas de forma a tornar os instrumentos legislativos existentes mais adaptados à nova realidade do sector.

Um dos primeiros passos recentemente dados, e já objecto de estudo exaustivo na obra da autora "Manual Jurídico da Construção", foi a publicação da nova Lei dos Alvarás, cujo objectivo primordial foi o de tornar mais transparente o sector da construção civil e obras públicas.

Em 25 de Março de 2004 foi publicado o Decreto-Lei n.° 68/2004 que tornou obrigatória a publicidade e a informação disponibilizadas aos consumidores na aquisição de imóveis para habitação.
Todos nós, enquanto profissionais do sector ou na qualidade de compradores de imóveis sentíamos, há muito tempo, a necessidade da existência de um instrumento que contivesse todas as características de construção dos imóveis de forma a que tornasse mais fácil a defesa de uns e outros – vendedores ou compradores – quando o imóvel não correspondesse às expectativas criadas.
Foi assim criada a Ficha Técnica da Habitação ou – como é vulgarmente conhecida – o BI da habitação, cujo objectivo do legislador foi o de criar um conjunto de mecanismos que visam reforçar os direitos dos consumidores à informação e à protecção dos seus interesses económicos no âmbito da aquisição de prédio urbano para a habitação, tal como é referido no Preâmbulo do Decreto-Lei n.° 68/2004, de 25 de Março.
Este manual dirige-se aos profissionais do sector, enquanto instrumento de trabalho elucidativo dos requisitos impostos para a elaboração

da Ficha Técnica da Habitação, ilustrando-se com exemplos práticos a legislação recentemente publicada.

Na perspectiva dos consumidores, este manual tem por objectivo dar uma visão simplificada deste novo instrumento – obrigatório nas escrituras de compra e venda de imóveis – elucidando sobre os conteúdos inseridos na Ficha Técnica da Habitação e da forma como esta pode ser um instrumento de defesa dos seus interesses.

Também aqui se procurou dar uma visão crítica da forma como o legislador consagrou os imperativos legais, apontando-se aqui e ali as virtualidades e as falhas próprias de algo que é novo no nosso ordenamento jurídico.

Outro dos temas objecto de uma profunda reforma legislativa foi a introdução do novo regime jurídico das actividades de mediação imobiliária e de angariação imobiliária operada pelo Decreto-Lei n.° 211/2004 de 20 de Agosto, que tem por objectivo atingir um nível de profissionalização no mercado imobiliário à altura das exigências ocorridas pelo transformação e desenvolvimento deste sector. Operaram-se diversas reformas, nomeadamente ao nível dos procedimentos burocráticos, das taxas devidas, das regras relativas ao Seguro Obrigatório, da avaliação da capacidade profissional e dos critérios de adequação da formação, no acesso e permanência nas actividades de mediação imobiliária e de angariação imobiliária, que nesta obra se irão explanando.

Este conjunto de diplomas legais veio introduzir novas regras e procedimentos num sector fundamental como o da construção e promoção imobiliária, dos quais se pretende nesta obra dar uma visão clara e essencialmente prática.

Setembro de 2004

A AUTORA

DEDICATÓRIA

Dedico este Manual à memória do meu Pai ***Rui Lopes Busto*** e à do meu Padrinho ***Manuel Lopes de Amorim***, dois Engenheiros Civis, irmãos, profissionais sérios e dedicados que influenciaram definitivamente o meu percurso profissional com os seus sábios conselhos.

PLANO DA OBRA

I – Notas gerais

I.I Ficha Técnica da Habitação
- Noção
- Características
- Elementos obrigatórios
- Contra-Ordenações
- Publicidade sobre venda de imóveis para habitação
- Análise crítica: virtualidades e defeitos da FTH

I.II Regime Jurídico da Actividade de Mediação Imobiliária e de Angariação Imobiliária
- Principais aspectos da Nova Lei de Mediação Imobiliária e de Angariação Imobiliária
- Mediação Imobiliária
- Angariação Imobiliária
- Fiscalização e Sanções

II – Legislação
- Decreto-Lei n.º 68/2004 de 25 de Março
- Portaria n.º 817/2004 de 16 de Julho

- Lei n.º 8/2004 de 10 de Março
- Decreto-Lei n.º 211/2004 de 20 de Agosto
- Portaria n.º 1324/2004 de 19 de Outubro
- Portaria n.º 1326/2004 de 19 de Outubro
- Portaria n.º 1327/2004 de 19 de Outubro
- Portaria n.º 1328/2004 de 19 de Outubro
- Despacho Conjunto n.º 707/2004, de 3 de Dezembro

III – Modelos, Minutas, Contratos e Requerimentos

- Modelo da Ficha Técnica da Habitação
- Mediação Imobiliária:
    - Pedido de Licenciamento
    - Revalidação das licenças
    - Suspensão das licenças
    - Cancelamento das licenças
    - Alterações na actividade
- Angariação Imobiliária:
    - Inscrição
    - Revalidação
    - Cancelamento
    - Alterações
- Contratos de Mediação Imobiliária
- Contrato de Prestação de Serviços de Angariação Imobiliária

ÍNDICE

I – Notas gerais 15

I.I – Notas gerais sobre a Ficha Técnica da Habitação 17

  1. Noção 17

  2. Características 18

  3. Elementos obrigatórios da FTH 20
      3.1. Elementos principais 20
      3.2. Elementos complementares 23

  4. Contra-Ordenações 24

  5. Publicidade sobre venda de imóveis para habitação 25

  6. Análise crítica: virtualidades e defeitos da FTH 26

I.II – Regime Jurídico da Actividade de Mediação Imobiliária e de Angariação Imobiliária 29

  1. Principais aspectos da nova Lei de Mediação e de Angariação Imobiliária 29

  2. Mediação Imobiliária 31
      2.1. A caução 31
      2.2. Requisitos de ingresso e manutenção na actividade 31
      2.3. Forma e objecto 32
      2.4. Capacidade profissional 33
      2.5. Estabelecimentos 35
      2.6. Recebimento de quantias 36
      2.7. Remuneração da empresa de mediação 37

2.8. Contrato de mediação imobiliária 37
2.9. Licenciamento da actividade de mediação imobiliária 39

3. Angariação Imobiliária 43
   3.1. Requisitos de ingresso e manutenção na actividade 43
   3.2. Capacidade profissional 47
   3.3. Obrigação de identificação 48
   3.4. Incompatibilidades 49
   3.5. Recebimento de quantias 50
   3.6. Retribuição 50
   3.7. Deveres perante o IMOPPI 51

4. Fiscalização e sanções 51
   4.1. Advertência 52
   4.2. Medidas cautelares 52
   4.3. Limites das coimas 53
   4.4. Sanções acessórias 54
   4.5. Responsabilidade criminal 54
   4.6. Menções especiais 54

II – **Legislação** 57

Decreto-Lei n.º 68/2004, de 25 de Março – Estabelece os requisitos a que obedecem a publicidade e a informação disponibilizadas aos consumidores no âmbito da aquisição de imóveis para habitação   59

Portaria n.º 817/2004, de 16 de Julho – Aprova o modelo da ficha técnica da habitação   73

Lei n.º 8/2004, de 10 de Março – Autoriza o Governo a regular o exercício das actividades de mediação imobiliária e angariação imobiliária   89

Decreto-Lei n.º 211/2004, de 20 de Agosto – No uso da autorização concedida pela Lei n.º 8/2004, de 10 de Março, regula o exercício das actividades de mediação imobiliária e de angariação imobiliária   95

Portaria n.º 1324/2004, de 19 de Outubro – Fixa o montante mínimo de seguro de responsabilidade civil na actividade imobiliária   131

Portaria n.º 1326/2004, de 19 de Outubro – Define a avaliação da capacidade profissional, bem como os critérios de adequação da formação, no acesso e permanência nas actividades de mediação imobiliária e angariação imobiliária   133

Portaria n.º 1327/2004, de 19 de Outubro – Regulamenta os procedimentos administrativos previstos no Decreto-Lei n.º 211/2004, de 20 de Agosto, que regula o regime jurídico das actividades de mediação imobiliária e de angariação imobiliária 139

Portaria n.º 1328/2004, de 19 de Outubro – Fixa os montantes das taxas devidas no âmbito dos procedimentos administrativos previstos no regime jurídico das actividades de mediação imobiliária e de angariação imobiliária 151

Despacho Conjunto n.º 707/2004, de 3 de Dezembro – Define as matérias objecto do exame no âmbito da formação inicial e contínua, previsto no n.º 3 do n.º 7 da Portaria n.º 1326/2004, de 19 de Outubro. 155

Regulamento do Exame de Capacidade Profissional para Acesso e Permanência nas Actividades de Mediação Imobiliária e Angariação Imobiliária 163

III – **Modelos, minutas, contratos e requerimentos** 167

  1. Modelo da Ficha Técnica da Habitação 169

  2. Mediação Imobiliária 183
     2.1. Licenciamento 183
     2.2. Revalidação 184
     2.3. Suspensão 185
     2.4. Cancelamento 185
     2.5. Alterações 186

  3. Angariação Imobiliária 187
     3.1. Inscrição 187
     3.2. Revalidação 188
     3.3. Cancelamento 188
     3.4. Alterações 188

  4. Contratos de Mediação Imobiliária 189
     Contrato de Mediação Imobiliária – Compra 189
     Contrato de Mediação Imobiliária – Venda 193
     Contrato de Mediação Imobiliária – Arrendamento 196
     Contrato de Mediação Imobiliária – Trespasse 199
     Contrato de Mediação Imobiliária – Trespasse 202

  5. Contrato de Prestação de Serviços de Angariação Imobiliária 205

I
NOTAS GERAIS

I.I – NOTAS GERAIS SOBRE A FICHA TÉCNICA DA HABITAÇÃO

1. Noção

A Ficha Técnica da Habitação, abreviadamente conhecida por FTH, consiste num documento onde são descritas as características técnicas e funcionais dos prédios urbanos que se destinam à habitação.

A FTH tem como objectivo primordial reforçar os direitos dos consumidores à informação e à protecção dos seus interesses económicos na aquisição de prédio urbano para habitação; pela sua própria natureza contribui para promover a transparência do mercado.

As informações constantes da FTH destinam-se a apoiar os consumidores nas suas decisões relacionadas com questões como o preço de venda, o enquadramento urbanístico e as características da habitação. A FTH tem assim, a missão de disponibilizar aos principais interessados um conjunto de informações suficientes que lhes permita fazer análises comparativas da oferta no mercado da construção e ajudar a tomar a melhor decisão.

A FTH terá que ser elaborada nos seguintes casos de obras em prédios urbanos:
– Conclusão das obras de construção
– Reconstrução
– Ampliação
– Alteração

Excluem-se da obrigação de elaboração da FTH:

– Os prédios construídos antes da entrada em vigor do Regulamento Geral das Edificações Urbanas, aprovado pelo Decreto-Lei n.º 38 382, de 7 de Agosto de 1951;
– Os prédios que se encontrem edificados e possuam a respectiva licença de utilização ou haja requerimento apresentado para a respectiva emissão antes de 16 de Setembro de 2004.

Responsabilidade: A elaboração da FTH é da responsabilidade do promotor imobiliário ou dono da obra, competindo ao técnico responsável pela obra e ao promotor imobiliário verificar se as informações constantes da Ficha correspondem às características da habitação.

2. Características

A FTH pode ser:
– Provisória, ou
– Definitiva

Versão provisória: Nos casos em que a obra ainda não está concluída, deve existir uma versão provisória da ficha técnica da habitação, cujo conteúdo e respectivas informações se reporta aos projectos de arquitectura e das especialidades e se encontre devidamente certificada pelos autores do projecto.

Versão definitiva: A Ficha Técnica da Habitação consiste num documento, elaborado no momento da conclusão das obras, onde estão descritas as características técnicas e funcionais do prédio urbano destinado a habitação.

Prazo de conservação: A FTH deve ser conservada pelo promotor imobiliário durante 10 anos.

O proprietário do imóvel deve guardar igualmente a FTH em bom estado de conservação, requerendo 2.ª via ao promotor imobiliário ou à Câmara Municipal, contra o pagamento de uma taxa, em caso de perda ou extravio.

Depósito na Câmara Municipal: É obrigatório o depósito de um exemplar da ficha técnica da habitação de cada prédio ou fracção na câmara municipal onde tiver decorrido o respectivo processo de licenciamento.

Redacção: A FTH deve ser redigida em língua portuguesa, em termos claros, sem remissões para textos técnicos de modo a serem perceptíveis para o utilizador comum.

Escritura Pública: Na celebração de escritura pública que envolva a aquisição da propriedade de prédio ou fracção destinada à habitação é obrigatória a certificação notarial da existência da FTH, nomeadamente através da exibição do comprovativo do depósito da mesma na Câmara Municipal competente, e da sua entrega ao comprador.

Mútuo: Nos contratos de compra e venda com mútuo – vulgo, com empréstimo bancário –, com ou sem hipoteca, é obrigatória a certificação por parte da instituição bancária mutuadora da entrega da FTH ao comprador no momento do preenchimento do Modelo de Contrato de Crédito à Habitação.

Afixação nos locais de venda de imóveis: Nos locais de atendimento e de venda ao público, o vendedor, a empresa de mediação imobiliária ou outro profissional que se encontre incumbido de comercializar prédios urbanos destinados à habitação está obrigado a disponibilizar ao público:
- Cópia da ficha técnica da habitação, caso esta já exista, em lugar bem visível, nos locais de atendimento e de venda ao público;
- Cópia de versão provisória da ficha técnica da habitação, caso ainda não exista a ficha técnica da habitação definitiva;
- Preço por metro quadrado da área útil da habitação;
- Preço total da habitação, com explicitação dos impostos e outras obrigações legais que incidem sobre a aquisição e formas de pagamento propostas.

Contrato de arrendamento: Na celebração de contratos de arrendamento o locador deve fornecer ao locatário a FTH.

3. Elementos obrigatórios da FTH

3.1. Elementos principais

A FTH deve conter deve conter informação sobre:

3.1.1. Os principais profissionais envolvidos no projecto, construção, reconstrução, ampliação ou alteração, bem como na aquisição da habitação;

3.1.2. O loteamento;

3.1.3. O prédio urbano:

3.1.4. A fracção autónoma ou a habitação unifamiliar;

3.1.5. Outras informações

3.1.1. *Em relação aos **profissionais**, devem ser inseridos os seguintes elementos:*

- Identificação do construtor com os dados de inscrição no Instituto dos Mercados de Obras Públicas e Particulares e do Imobiliário (IMOPPI);
- Identificação dos autores dos projectos de arquitectura e de estruturas, e seus números de inscrição de membros das respectivas ordens profissionais;
- Identificação do técnico responsável da obra, com identificação do número de inscrição na respectiva ordem ou associação profissional;
- Identificação do promotor imobiliário.

3.1.2. *Em relação ao **loteamento** devem ser indicados:*

- Número total de edifícios;
- Número total de fogos;
- Número total de lugares de estacionamento;
- Número e tipo de equipamentos colectivos existentes e ou previstos;

- Identificação das entidades incumbidas da promoção, da gestão e da manutenção dos equipamentos referidos na alínea anterior;
- Planta de síntese do loteamento.(¹)

3.1.3. *Em relação ao **prédio urbano** devem ser inscritos os seguintes elementos:*

- Identificação do prédio urbano, com indicação da sua localização, do número de inscrição na matriz predial e do número e data da licença de utilização;
- Descrição do prédio urbano, com indicação do número de pisos acima do solo, do número total de fogos, do número de ascensores, da existência de outro tipo de utilização que não a habitacional e respectiva localização, do número de lugares de estacionamento reservado aos moradores do prédio, das condições de acesso a pessoas com mobilidade condicionada e da existência de sala de reuniões de condóminos e de casa do porteiro;
- Caracterização das soluções construtivas dos principais elementos de construção do prédio, nomeadamente das fundações e da estrutura, das paredes exteriores e da cobertura;
- Descrição dos principais materiais e produtos de construção utilizados nos espaços comuns do edifício, especialmente daqueles que estejam em contacto directo com os moradores, e lista dos respectivos fabricantes, contendo contactos e moradas;
- Descrição dos sistemas de controlo e gestão do prédio, nomeadamente no que se refere à segurança contra intrusão, à segurança contra incêndio, à gestão energética e à gestão ambiental;
- Localização dos equipamentos ruidosos, tais como ascensores, grupos geradores e grupos hidropressores;

(¹) A planta de síntese do loteamento deve conter os elementos que devem instruir os pedidos de informação prévia, de licenciamento e de autorização referentes a todos os tipos de operações urbanísticas, de acordo com o estipulado na Portaria n.º 1110/2001, de 19 de Setembro.

- Localização de equipamentos facultativos de condições de acesso ao prédio de pessoas com deficiência, nomeadamente motora, visual ou auditiva;
- Planta simplificada do piso de entrada no edifício, com indicação da orientação, e a localização das portas exteriores, circulações horizontais, escadas e ascensores.

3.1.4. *A fracção autónoma* deve estar descrita com os seguintes elementos:

- Identificação da fracção autónoma, com indicação da sua localização e do número e data da licença de utilização;
- Descrição da habitação, nomeadamente do fogo e das dependências do fogo, com indicação da área bruta da habitação, da área bruta do fogo, da área útil do fogo, da área útil de cada compartimento e da área útil de cada dependência do fogo;
- Caracterização das soluções construtivas dos principais elementos de construção, nomeadamente das paredes exteriores e interiores, dos pavimentos e escadas, dos tectos e coberturas, das portas exteriores e interiores, da caixilharia exterior e dos sistemas de protecção solar dos vãos;
- Descrição dos principais materiais e produtos de construção, especialmente daqueles que estejam em contacto directo com os moradores, e lista dos respectivos fabricantes, contendo os seus contactos e moradas;
- Caracterização das instalações na habitação, nomeadamente de distribuição de água, de drenagem de águas residuais domésticas, de drenagem de águas pluviais, de distribuição de gás, de distribuição de energia eléctrica, de climatização e aquecimento, de ventilação e evacuação de fumos e gases e de comunicações telefónicas e telecomunicações;
- Descrição dos equipamentos incorporados na habitação, nomeadamente dos da cozinha e das instalações sanitárias, e lista dos respectivos fabricantes, contendo os seus contactos e moradas;
- Planta simplificada do piso de acesso ao fogo, com destaque para a localização do fogo e dos espaços comuns, e com indi-

cação da localização de extintores portáteis e das saídas de emergência em caso de incêndio;
– Plantas simplificadas da habitação, incluindo planta do fogo com identificação de todos os compartimentos e a localização dos equipamentos incorporados, fixos ou móveis;
– Plantas simplificadas das redes existentes na habitação, nomeadamente das redes de distribuição de água, de drenagem de águas residuais domésticas, de distribuição de energia eléctrica, de distribuição de gás, de climatização e aquecimento e de comunicações e entretenimento.

3.1.5. *Outras informações que devem constar da FTH*

– Garantia da habitação e mecanismos de defesa contra defeitos da obra;
– Regulamento do Condomínio e Contratos de Prestação de Serviços efectuados, como sejam, Limpeza, Conservação e Manutenção de Jardins, Assistência a Ascensores, Assistência de Serviços de Energia Eléctrica, Seguros ou quaisquer outros contratos que hajam sido celebrados em nome do condomínio do prédio;
– Regras de manutenção dos equipamentos instalados que requerem tratamento especial, como por exemplo, caldeiras, piscinas, aquecimento central, ar condicionado ou outros.

3.2. Elementos complementares

O promotor imobiliário pode, facultativamente, incluir na ficha técnica da habitação informações complementares que considere importantes, designadamente as que se refiram a:

– Aspectos relacionados com a administração do condomínio para além do previsto no Regulamento;
– Instruções sobre uso e manutenção das instalações e equipamentos, incluindo conselhos úteis no que respeita à segurança do prédio ou fracção, espaços comuns e serviços acessórios.

4. Contra-Ordenações

A prática de falsidades ou outras ilegalidades referentes à FTH constitui contra-ordenação punível com coima, cujos montantes variam entre os € 2 490 e € 44 890, nos seguintes casos:

- A inclusão na ficha técnica da habitação de informações que não têm total correspondência com as características reais da habitação;
- As falsas declarações do técnico responsável pela obra na declaração comprovativa relativamente à correspondência das informações constantes da ficha técnica da habitação com as características da habitação;
- A não organização em arquivo das fichas técnicas da habitação pelo prazo de 10 anos;
- O incumprimento da obrigação de depósito na câmara municipal do exemplar da ficha técnica da habitação, ou o não cumprimento dentro do prazo legal dessa obrigação;
- A falta de afixação da FTH nos locais de venda ao público.

A negligência é sempre punível.

Podem ainda ser aplicadas outras **sanções acessórias**, como por exemplo, apreensão de objectos, encerramento temporário das instalações ou estabelecimentos ou até mesmo a interdição do exercício da actividade.

A **fiscalização e a instrução dos processos de contra-ordenação** compete ao Instituto do Consumidor, ao IMOPPI ou às Câmaras Municipais conforme a gravidade da Infracção (cfr. art. 15.º do Decreto-Lei n.º 68/2004, de 25 de Março).

Responsabilidade civil

O técnico responsável pela obra e o promotor imobiliário são solidariamente responsáveis pelos danos causados ao comprador ou a terceiros, caso o teor da declaração ou das informações constantes na ficha técnica da habitação não corresponda à verdade.

Esta responsabilidade cessa quando o prédio urbano para fim habitacional seja objecto de obras de construção, reconstrução, ampliação ou alteração, realizadas por iniciativa do respectivo proprietário, em momento posterior à emissão original da competente ficha técnica da habitação, desde que, em virtude de tais obras, as características técnicas e funcionais aí descritas deixem, efectivamente, de corresponder às originais características do edificado.

5. Análise crítica: virtualidades e defeitos da FTH

Desde a publicação do Decreto-Lei n.º 68/2004, de 25 de Março e antes da entrada em vigor da obrigatoriedade da elaboração da FTH, que coincidiu com a entrada em vigor da Portaria n.º 817/2004, de 16 de Julho que aprovou o Modelo da Ficha Técnica da Habitação, ocorrida a 16 de Agosto de 2004, muitas análises foram feitas ao referido Modelo, apontando-se algumas contradições ou falhas no mesmo.

Desde logo existe uma profunda contradição entre a exigência da indicação na FTH da marca dos materiais de construção com o preceituado na **legislação de Obras Públicas** que não permite a visualização das marcas dos materiais de construção.

Outra crítica apontada reside na **grande complexidade e na imprecisão dos critérios** que presidem à inserção de informações na FTH relacionadas com conceitos técnicos não especificados ou na omissão de elementos importantes na construção de edifícios. Esta situação é apontada como geradora de grande confusão no preenchimento da FTH, levando a que muita da informação obrigatória seja omitida.

Um exemplo que tem vindo a ser apontado pelos profissionais do sector é o da falta de definição da área de um fogo, sem se explicitar se deve ser indicada a área privada, a de construção ou a área útil.

Outro exemplo apontado reside na possibilidade de existir falta de informação quanto aos materiais de construção aplicados o que impede a boa conservação e manutenção dos imóveis por parte dos seus proprietários.

A complexidade da FTH já é apontada como geradora de falhas e confusões, muito ao contrário dos objectivos de transparência e de defesa do consumidor que estiveram na base da sua criação legislativa.

Assim, a FTH é apontada como um elemento de aumento da carga burocrática no complicado processo de licenciamento das Obras Públicas e Particulares.

Outro aspecto crítico que é apontado reside na **repartição da responsabilidade da informação** pelo promotor imobiliário e pelo técnico responsável da obra ficando ambos responsáveis tanto em relação à componente técnica como à promoção total da obra. Os técnicos sentem relutância em assumir a responsabilidade pela promoção da obra, na medida em que esse domínio lhes é, na maioria dos casos, completamente alheio.

Esta situação tem levado ao depósito de FTH com a falta das assinaturas dos técnicos responsáveis que se querem furtar a responsabilidades futuras.

Estes aspectos são difíceis de solucionar, pois, na prática, não existem **mecanismos de controle das informações ou elementos inseridos na FTH**, uma vez que compete apenas às Câmaras Municipais receber o depósito da FTH, mediante o pagamento de uma taxa fixada por deliberação da Assembleia Municipal, não sendo obrigadas a confirmar ou avaliar se os dados estão correctos ou se o Modelo está correctamente preenchido.

Assim, a FTH pode ser depositada com erros, falhas, falta de elementos ou assinaturas sem que haja uma verificação por parte dos municípios.

Quanto à obrigatoriedade de certificação da existência do depósito por parte dos notários na celebração das escrituras de compra e venda de imóveis também não existe qualquer controle face ao conteúdo da FTH, uma vez que a lei impõe apenas que se certifiquem do referido depósito na Câmara Municipal e da entrega de cópia da FTH ao comprador.

Outra crítica que tem sido apontada à FTH reside no **aumento dos custos** que a sua elaboração representa para o promotor:
- desde logo, o depósito nas Câmaras Municipais implica o pagamento de uma taxa;
- por outro lado, a lei obriga a que sejam entregues cópias da FTH às autarquias, nos cartórios notariais no momento da celebração das escrituras, ao cliente e o próprio promotor imobiliário deve conservar um exemplar.

Este problema poderá ser ultrapassado através da utilização de suporte magnético, cuja utilização aconselhamos e reproduzimos neste Manual.

Mas mesmo em relação à entrega da FTH em suporte magnético subsiste um problema: a maior parte das Câmaras Municipais não dispõe de um arquivo digital que permita guardar documentos em suporte magnético ou digital, pelo que as cópias e respectivos anexos com as plantas dos edifícios que constituem os elementos obrigatórios da FTH terão que ser entregues em papel.

Em relação às Câmaras Municipais o arquivo da FTH constitui um problema na medida em que vem agravar a capacidade de guarda e conservação de uma tão grande quantidade documentos o que, no entender dos municípios, não é compensado pelo pagamento da taxa de depósito que não deverá ir além de cerca de € 30 por fracção.

Em síntese podemos agrupar um conjunto de aspectos que deverão ser objecto de revisão da actual FTH:

- A imprecisão de conceitos técnicos a considerar no preenchimento dos dados de informação obrigatórios;
- A responsabilização conjunta dos técnicos responsáveis pelo projecto e o promotor imobiliário;
- A falta de clareza dos critérios em relação aos técnicos intervenientes nas diversas fases da obra;
- A falta de mecanismos de controle no preenchimento dos dados constantes da FTH;
- A falta de protecção dos interesses dos consumidores e o incumprimento do objectivo de transparência do mercado;
- O aumento da carga burocrática e de custos que acarreta o Modelo da FTH.

6. Publicidade sobre venda de imóveis para habitação

A publicidade sobre venda de imóveis para habitação é objecto de regulamentação especial, contemplada no art. 12.º do Dec.-Lei n.º 68/2004 de 25 de Março.

O n.º 1 do referido artigo dispõe que a publicidade sobre venda de imóveis para habitação deve respeitar as regras constantes do Código da Publicidade; no n.º 2 do mesmo artigo dispõem-se algumas regras especiais relativamente à publicidade à venda de imóveis para a habitação.

Assim, quaisquer anúncios ou outras formas de publicidade à venda de imóveis para a habitação deve:

- Ser conforme às características da habitação;

- Esclarecer os destinatários sobre se a habitação se encontra em fase de construção;
- Conter as seguintes menções obrigatórias:
  - Identificação completa do promotor imobiliário e do vendedor, caso não sejam a mesma pessoa;
  - Prazo previsto para conclusão das obras, se for caso disso;
  - Área útil da habitação;
  - Tipo e marca dos materiais e produtos de construção, sempre que haja qualquer referência aos mesmos;
  - Existência de condições de acesso para pessoas com deficiência, nomeadamente motora, visual ou auditiva, caso tais condições existam.

Caso sejam utilizadas fotografias ou imagens gráficas na publicidade os imóveis, devem as mesmas reproduzir fielmente o local publicitado, referindo explicitamente que se representa apenas o edifício ou o edifício e a sua envolvente próxima acabada.

Para melhor ilustração das regras sobre a publicidade sobre venda de imóveis para habitação apresenta-se o seguinte exemplo prático:

Porto

VENDE-SE

T3 com **140 m2**, equipado com **cozinha Siemens**, em condomínio privado, com garagem para dois carros. **Acesso com rampa para deficientes motores.**
Andar pronto para entrega em Março de 2005.

Vende: M&S – Construção e Obras Públicas, Lda
Sede: Rua de Málaga, n.º 33, 1.º 4150 Porto
Pessoa Colectiva: 505 399 999
Tel. 22 618 9777
Promotor: T&P – Imobiliária, Lda
Sede: Rua Sousa Brito, n.º 3, 3.º Dto, 4100 Porto
Pessoa colectiva n.º 503 873 303
Tel. 22 333 3897
Comercializa: V&V – Sociedade de Mediação Imobiliária, Lda
Sede: Rua Vendas e Vendas, n.º 333, 1.º, Sala 7, 4450 Matosinhos
Pessoa colectiva: 502 777 777
Tel 22936 7777

I.II REGIME JURÍDICO DA ACTIVIDADE DE MEDIAÇÃO IMOBILIÁRIA E DE ANGARIAÇÃO IMOBILIÁRIA

1. Principais aspectos da nova Lei de Mediação e de Angariação Imobiliária

O Decreto-Lei n.º 211/2004, de 20 de Agosto instituiu o novo regime legal das actividades de mediação imobiliária e de angariação imobiliária.

Como objectivos primordiais este novo regime pretende alcançar um maior **nível de profissionalização** do sector, o **combate ao exercício clandestino** da actividade e o cumprimento dos **requisitos de permanência** na actividade.

Desde logo, impõe a regra do **exercício, em exclusivo**, da actividade de mediação imobiliária – os mediadores imobiliários deverão centrar a sua organização e actividade profissional no sector imobiliário.

Assiste-se ao reforço da exigência de **capacidade profissional**, quer para o acesso como para a permanência na actividade imobiliária. E aqui deparamo-nos com a novidade da exigência de **formação contínua** para os sócios, gerentes, administradores ou directores das empresas de mediação imobiliária.

É também permitido que a capacidade profissional possa ser conferida por técnico que tenha celebrado com a empresa de mediação imobiliária um contrato de trabalho a tempo completo (não sendo suficiente a existência de um contrato de trabalho a tempo parcial).

Outra novidade assenta no reforço da **celebração de contratos de mediação imobiliária entre os consumidores finais** – os que procuram imóvel para compra – e as empresas de mediação imobiliária, a par da continuação da celebração dos contratos de mediação com os proprietários dos imóveis. Esta norma visa uma maior protecção e defesa dos consumidores.

Outra grande novidade assenta na **extinção da obrigação de prestação de caução**, obrigatória à face do regime anterior do Decreto-Lei n.º 77/99, reforçando-se o regime sancionatório para as empresas que exerçam actividade ilegal ou cometam irregularidades no exercício da sua actividade. Também se extinguiu a figura da **comissão arbitral** para dirimir os conflitos à face do regime anterior.

No novo regime a actividade de **angariação imobiliária** é objecto de regulamentação própria, destacando-se a possibilidade do seu exercício por empresário em nome individual, prevendo-se determinados requisitos para o seu exercício, de menor exigência relativamente à actividade de mediação imobiliária.

A actividade de angariação imobiliária é vista como uma actividade de **prestação de serviços** às empresas de mediação imobiliária, que deverá constar obrigatoriamente de um contrato de prestação de serviços celebrado por escrito entre angariador e empresa de mediação.

Exclui-se, de forma peremptória, do âmbito dos serviços de angariação imobiliária a **celebração de contratos de mediação imobiliária**, os quais apenas podem ser celebrados pelas empresas de mediação devidamente licenciadas.

Outra novidade do Decreto-Lei n.º 211/2004 consiste no reforço dos **mecanismos de fiscalização e inspecção** do IMOPPI, alargando-se o leque de competências atribuídas nesta área, nomeadamente quanto à possibilidade de aplicação de **sanções** decorrentes de processos de contra--ordenação e à possibilidade de aplicação de **medidas cautelares** que aceleram os processos inspectivos de forma a travar ilegalidades no sector do imobiliário.

Em relação às **coimas** foram elevados os seus valores em relação às pessoas singulares, equiparando-as às pessoas colectivas.

Por último é imposta a obrigatoriedade de **comunicação e identificação dos mediadores imobiliários**, quando tiver havido sua intervenção, na **escritura pública** de compra e venda de bens imobiliários. Os notários devem solicitar aos outorgantes que lhes comuniquem se houve intervenção de mediador imobiliário no negócio e, em caso afirmativo, qual a sua identificação – nome e número da licença de actividade mediação imobiliária – ficando a constar na escritura os referidos elementos.

2. Mediação Imobiliária

A actividade de mediação imobiliária vem reguladas nos arts. 5.º e seguintes do Dec.-Lei n.º 211/2004, de 20 de Agosto.

O novo regime legal decorrente da publicação deste diploma veio introduzir modificações às regras impostas ao exercício desta actividade pelo que, neste capítulo, irão ser destacados os aspectos que foram objecto de inovação do novo regime da mediação imobiliária.

2.1. *A caução*

Por força do disposto no art. 55.º do Dec.-Lei n.º 211/2004, de 20 de Agosto, a obrigação de prestação de caução pelas empresas de mediação imobiliária, nos termos do anterior Dec.-Lei n.º 77/99, é extinta.

A caução que já tenha sido prestada será devolvida às empresas através de requerimento dirigido ao IMOPPI, subscrito pelas mesmas, nas seguintes condições:

a) A caução é devolvida passado 1 ano da entrada em vigor do Dec.--Lei n.º 211/2004, ou seja, a partir de 20 de Setembro de 2005;
b) Se a empresa tiver cessado a actividade em data anterior a 20 de Setembro de 2004, a caução é devolvida 1 ano após a cessação da actividade;
c) Se estiver pendente um processo de accionamento de caução, 1 ano após a conclusão do processo.

2.2. *Requisitos de ingresso e manutenção na actividade*

Os requisitos necessários para obtenção da licença da actividade de mediação imobiliária vêm enunciados no art. 6.º do Dec.-Lei n.º 211/2004:

a) Revestir a forma de sociedade comercial ou outra forma de agrupamento de sociedades, com sede efectiva num Estado membro

da União Europeia, que tenha a denominação de acordo com o estipulado no n.° 1 do artigo 8.°;
b) Ter por objecto e actividade principal o exercício da actividade de mediação imobiliária, com exclusão de quaisquer outras actividades para além da prevista no n.° 2 do artigo 3.°;
c) Apresentar a respectiva situação regularizada perante a administração fiscal e a segurança social;
d) Possuir capacidade profissional, nos termos do disposto no artigo 7.°;
e) Possuir seguro de responsabilidade civil, nos termos do disposto no artigo 23.°;
f) Deter capital próprio positivo, nos termos do disposto no n.° 2;

2.3. Forma e objecto

As empresas de mediação imobiliária têm de ser, obrigatoriamente sociedades comerciais ou outro tipo de agrupamento de sociedades.

Está vedado o exercício da actividade de mediação imobiliária aos empresários em nome individual ou aos estabelecimentos individuais de responsabilidade limitada.

Da **denominação social** das empresa de mediação imobiliária deve constar, obrigatoriamente, a expressão "*Mediação Imobiliária*".

As sociedades devem ter por objecto e actividade principal o **exercício exclusivo** da actividade de mediação imobiliária, apenas se admitindo o exercício da actividade de administração de imóveis por conta de outrem, onde se inclui a administração de condomínios.

As empresas de mediação imobiliária já existentes têm o prazo de 180 dias a contar da data da entrada em vigor da última das portarias que regulamentam o Dec.-Lei n.° 211/2004, para adequar o seu objecto social e denominação social às exigências do novo regime jurídico.

As **modificações estatutárias** resultantes do cumprimento deste novo imperativo legal e, desde que realizadas até ao termo do prazo acima referido, **ficam dispensadas da celebração da respectiva escritura pública**, sendo suficiente a apresentação da Acta da Assembleia Geral que aprovou a deliberação da alteração dos estatutos para efeitos de registo comercial.

Caducidade: As empresas que não procedam às alterações obrigatórias do pacto social nos termos legais terão como sanção a caducidade do direito ao exercício da actividade de mediação imobiliária e da respectiva licença, tendo que proceder à entrega ao IMOPPI da licença e dos cartões de identificação dos respectivos administradores, gerentes ou directores no prazo de 8 dias a contar da notificação para a entrega dos mesmos.

2.4. *Capacidade profissional*

O requisito da capacidade profissional obriga a que um dos administradores, gerentes ou directores da empresa de mediação imobiliária possuam o ensino secundário completo – correspondente ao 12.º ano ou equivalente – e formação inicial e contínua adequadas.

Ficam dispensadas da formação inicial as entidades acima referidas que possuírem bacharelato ou licenciatura em curso cujo plano curricular integre formação, como vertente dominante, numa das seguintes áreas já definidas na Portaria n.º 1326/2004 de 19 de Outubro:

a) Actividades imobiliárias;
b) Direito;
c) Solicitadoria;
d) Ordenamento do território;
e) Urbanismo e planeamento;
f) Arquitectura;
g) Engenharia civil;
h) Engenharia de construção.

Formação inicial : A formação inicial adquire-se através da aprovação em exame.
Os exames são realizados nos termos de regulamento aprovado pelo IMOPPI, sendo realizados a nível nacional em datas fixadas previamente por este Instituto.
O exame versa sobre matérias relevantes para o exercício da actividade de mediação imobiliária, com vista à aquisição dos conhecimentos básicos para o exercício da mesma.

Desde logo serão versadas matérias como:

– Regime jurídico da actividade de mediação imobiliária;
– Outras matérias conexas à actividade imobiliária no sentido lato da mesma.

Formação contínua: A formação contínua tem por objecto a formação permanente do gerente ou responsável pela sociedade de mediação imobiliária, uma vez que se exige que as empresas tenham um acompanhamento actualizado ao nível da informação ligada ao sector, seja ao nível do regime jurídico da actividade seja a outros níveis conexos e igualmente importantes, como por exemplo as acções de fiscalização previstas no sector.

A formação contínua tem interesse para a **revalidação da licença** do exercício da actividade de mediação imobiliária, uma vez que foi adoptado o **sistema de créditos**, ou seja, a frequência de acções de formação como seminários, cursos de pós-graduação, cursos de formação técnico-profissional ou outras acções ligadas ao sector do imobiliário contam para a avaliação da capacidade profissional requerida na lei.

Comprovação da capacidade profissional: A capacidade profissional da empresa de mediação imobiliária pode ser comprovada pelo gerente ou outro representante legal da empresa ou por um técnico que possua bacharelato ou licenciatura nas áreas acima referidas, desde que esteja ligado à empresa por contrato de trabalho a tempo completo e, portanto, não sendo relevantes os contratos de prestação de serviços ou os contratos de trabalho a tempo parcial para estes efeitos.

O **gerente** só pode conferir capacidade profissional a uma só empresa e, para tal, deve estar em pleno exercício das suas funções, ou seja, deve estar efectivamente ligado à empresa e deve prestar efectivamente os seus serviços à mesma.

Um indivíduo pode exercer funções de gerência em mais de uma empresa, mas só pode conferir capacidade profissional a **apenas uma** empresa de mediação imobiliária.

O técnico que confere capacidade profissional à empresa não pode exercer actividade de angariação imobiliária, nem pode fazer parte do quadro de pessoal de outras empresas de mediação imobiliária.

Regime transitório: Em relação às empresas titulares de licença emitida em data anterior à entrada em vigor do novo regime – 25 de Setembro de 2004 – e as empresas cujo processo de licenciamento ainda esteja a decorrer antes da referida data, aplica-se o regime da comprovação da capacidade profissional previsto no Dec.-Lei n.º 77/99, de 16 de Março e na Portaria n.º 204/2000, de 5 de Abril, desde que cumpram o novo **requisito de formação contínua**, a não ser que comuniquem ao IMOPPI que pretendem ser abrangidas pelo novo regime do Dec.-Lei n.º 211/2004, de 20 de Agosto.

2.5. *Estabelecimentos*

O art. 14.º do Dec.-Lei n.º 211/2004 consagra as obrigações inerentes ao exercício da actividade de mediação imobiliária em relação aos estabelecimentos.

Desde logo é consagrada a regra de que as empresas de mediação imobiliária só podem efectuar atendimento ao público em **estabelecimentos autónomos**, isto é, separados de quaisquer outros estabelecimentos comerciais, industriais ou residências.

Nestes estabelecimentos pode ser exercida a actividade de administração de imóveis por conta de outrem, incluída a administração de condomínios.

A abertura ou a alteração da localização dos estabelecimentos de mediação imobiliária – v.g. alteração da sede da empresa –, tem de ser comunicada ao IMOPPI no prazo de 15 dias a contar da data da respectiva ocorrência, como prevê o n.º 1 do art. 21.º do Dec.-Lei n.º 211/2004.

Livro de Reclamações: Em cada estabelecimento deve existir um livro de reclamações, cuja existência deve estar publicitada no estabelecimento – v.g., através da afixação de um anúncio do género "Neste estabelecimento existe um livro de reclamações. Solicite-o" – o qual deve ser facultado ao utente sempre que este o solicite e deve ser-lhe entregue um duplicado das observações ou reclamações exaradas no mesmo.

As empresas de mediação são obrigadas a enviar ao IMOPPI um duplicado das reclamações escritas no livro no prazo máximo de 5 dias a contar da ocorrência das mesmas. Os interessados poderão, igualmente, enviar ao IMOPPI o duplicado das reclamações escritas acompanhado dos meios de prova que entendam necessários ao esclarecimento das reclamações escritas.

O livro de reclamações é editado e fornecido pelo IMOPPI ou pelas entidades que o mesmo indicar.

2.6. Recebimentos de quantias

A questão das chamadas "reservas" – importâncias pagas pelos interessados na compra de um imóvel com o objectivo de reservar para si o direito de compra do mesmo – suscitou enormes polémicas, na medida em que, essas importâncias eram recebidas e não eram devolvidas pelas empresas de mediação aos interessados que não concretizassem o respectivo negócio de compra e venda.

O Dec.-Lei n.º 211/2004 veio clarificar a questão obrigando a empresa de mediação a restituir aos interessados qualquer quantia que lhes seja entregue por conta do negócio de compra e venda.

A lei estabelece no art. 17.º do referido diploma que se consideram depositadas à guarda da empresa de mediação quaisquer quantias que lhe sejam entregues, nessa qualidade, antes da celebração do negócio visado na mediação, e, portanto, a sua guarda é da responsabilidade da empresa de mediação.

As chamadas "reservas" não têm a função de reserva, não reservam nada, e, como tal, não são tuteladas, não constituem um instituto jurídico tutelado pelo Direito.

O n.º 2 do citado art. 17.º estipula que as empresas de mediação devem restituir todas as quantias antes da celebração do contrato-promessa a quem as prestou; assim, caso o negócio não se venha a concretizar, mantém-se a obrigação de restituir as referidas quantias.

Em suma, todas as quantias entregues às empresas de mediação imobiliária têm de ser devolvidas até à celebração do contrato-promessa.

Em relação às quantias entregues a título de sinal: o Dec.-Lei n.º 211/2004 estipula que as mesmas devem ser entregues de imediato pelas empresas de mediação aos seus clientes, não podendo ser usadas em proveito próprio pelas empresas. Este regime já vinha estabelecido no

Dec.-Lei n.º 77/99, pelo que em relação a esta matéria não se regista nenhuma alteração.

2.7. Remuneração da empresa de mediação

O art. 18.º do Dec.-Lei n.º 211/2004 estipula como regra geral que a remuneração só é devida à empresa de mediação com a conclusão do negócio, usualmente após a celebração do contrato-promessa. Também neste ponto não se regista qualquer inovação face ao Dec.-Lei n.º 77/99.

As empresas de mediação podem cobrar 10%, a título de adiantamento, sobre a remuneração acordada quando o negócio é feito com o comprador, nas seguintes condições:
– se angariarem o imóvel;
– se a taxa de cobrança está prevista no contrato de mediação imobiliária.

Esta quantia será devolvida pela empresa de mediação ao interessado se o negócio não se concretizar.

2.8. Contrato de mediação imobiliária

O contrato de mediação imobiliária vem regulado no art. 19.º do Dec.-Lei n.º 211/2004, não se verificando alterações relativamente ao regime anterior consagrado no Dec.-Lei n.º 77/99.

Requisitos obrigatórios:

– Forma escrita;
– Menções obrigatórias:
  – Identificação do imóvel;
  – Identificação do negócio;
  – Condições da remuneração, com a taxa de I.V.A. aplicável;
  – Identificação do Seguro Obrigatório de Responsabilidade Civil.

Prazo: Não havendo estipulação de prazo de duração do contrato, presume-se que foi feito por 6 meses.

Exclusividade: Quando a empresa de mediação é contratada em regime de exclusividade, essa cláusula deve estar escrita no contrato de mediação imobiliária.

Cláusulas contratuais gerais: No caso de contratos de mediação imobiliária que contenham cláusulas contratuais gerais as empresas de mediação devem enviar a cópia dos respectivos projectos ao Instituto do Consumidor, assim como eventuais alterações introduzidas nos referidos contratos.

Verifica-se aqui uma alteração em relação ao regime anterior que estipulava que o envio do referido projecto ou eventuais alterações fosse remetido ao IMOPPI.

A omissão desta obrigação de envio implica a **nulidade do contrato de mediação** imobiliária, pelo que em caso de litígio as empresas de mediação perdem a tutela de eventuais direitos decorrentes do contrato e não podem invocar em seu benefício a nulidade do mesmo.

Arquivo do contrato: Os contratos de mediação imobiliária devem ser registados e arquivados pela empresa de mediação durante 5 anos desde a data da sua celebração. Não se verificou, nesta matéria, alteração em relação ao regime anterior.

Registo de contratos: O registo dos contratos de mediação imobiliária deve conter as seguintes menções:

- O número atribuído ao contrato registado;
- A data de celebração do contrato;
- O prazo de duração do contrato;
- O regime de contratação;
- A identificação do bem imóvel que constitui objecto material do contrato;
- A identificação e valor do negócio visado pelo contrato;
- A indicação do montante ou percentagem da remuneração acordada;
- A quantia efectivamente auferida a título de remuneração.

As menções devem ser inscritas em livro logo após a celebração do contrato de mediação imobiliária e completadas com a informação relativa à concretização, ou não, do negócio visado pelo contrato de mediação, nos seguintes termos:

- Imediatamente após a concretização do negócio visado pelo contrato de mediação, se for o caso;
- Imediatamente após o termo do contrato de mediação, caso o negócio por ele visado não se concretize.

O **livro de registos** deve possuir as folhas numeradas e termo de abertura datado e assinado pela empresa de mediação.

2.9. Licenciamento da actividade de mediação imobiliária

O pedido de licenciamento da capacidade de mediação imobiliária deve ser feito em **requerimento** dirigido ao Presidente do Conselho de Administração do IMOPPI, nos termos definidos na Portaria n.º 1327/2004 de 19 de Outubro, do qual deve constar:

a) A identificação da requerente, com indicação da denominação social, do número de identificação de pessoa colectiva, do tipo, da sede, do objecto social, do número de matrícula e da conservatória do registo comercial em que a sociedade se encontra registada, bem como das marcas e nomes comerciais usados no exercício da actividade;

b) A identificação dos administradores, gerentes ou directores ou, tratando-se de sociedade com sede efectiva noutro Estado da União Europeia, dos mandatários da respectiva representação permanente em Portugal.

Documentos necessários:

- Cartão de identificação de pessoa colectiva;
- Certidão, emitida pela competente conservatória do registo comercial, da matrícula e de todas as inscrições em vigor da requerente ou, tratando-se de sociedade com sede efectiva noutro Estado da União Europeia, da criação da respectiva representação permanente em Portugal, com todas as inscrições em vigor;
- Bilhete de identidade dos administradores, gerentes ou directores ou, tratando-se de sociedade com sede efectiva noutro Estado da

União Europeia, dos mandatários da respectiva representação permanente em Portugal;
- Certificado do registo criminal dos administradores, gerentes ou directores ou, tratando-se de sociedade com sede efectiva noutro Estado da União Europeia, dos mandatários da respectiva representação permanente em Portugal;
- Declaração de todos os administradores, gerentes ou directores em como não se encontram em qualquer das situações de proibição legal do exercício do comércio ou não estão inibidos do exercício do comércio por processo de falência ou insolvência, ou, tratando-se de sociedade com sede efectiva noutro Estado da União Europeia, declaração dos mandatários da respectiva representação permanente em Portugal;
- Nos casos em que a capacidade profissional é comprovada por técnico vinculado à empresa por contrato de trabalho a tempo completo, bilhete de identidade do técnico que confere capacidade profissional à empresa;
- Nos casos em que a capacidade profissional é comprovada por técnico vinculado à empresa por contrato de trabalho a tempo completo, declaração de remunerações, recibo de vencimento ou documento de idêntica natureza que comprove a existência de contrato de trabalho entre a empresa e o técnico que lhe confere capacidade profissional;
- Documentos comprovativos das habilitações literárias, exigidas para a capacidade profissional;
- Apólice do seguro de responsabilidade civil obrigatório;
- Documento, emitido pela entidade competente, comprovativo da regularidade da respectiva situação perante a segurança social ou, tratando-se de empresa constituída há menos de seis meses, comprovativo da respectiva inscrição;
- Documento, emitido pela repartição de finanças da área da sede da requerente, comprovativo da regularidade da respectiva situação fiscal ou, tratando-se de empresa constituída há menos de seis meses, fotocópia da declaração de inscrição no registo/início de actividade, conforme entregue na repartição de finanças;
- Tratando-se de entidade constituída em ano anterior àquele em que é formulado o pedido, documento comprovativo de que a empresa possui capitais próprios positivos, subscrito pelos representantes

legais que obrigam a empresa e pelo respectivo técnico oficial de contas, fazendo prova da sua qualidade;
– Declaração contendo a localização dos estabelecimentos onde é efectuado o atendimento do público.

Taxa:

O pedido de licenciamento só é deferido após o pagamento da taxa prevista no n.º 1, al. *a*) da Portaria n.º 1328/2004 de 19 de Outubro, que dispõe: "Ficam sujeitos ao pagamento de taxas destinadas a cobrir os encargos com a gestão do sistema de ingresso e permanência nas actividades de mediação imobiliária e de angariação imobiliária, bem como com a sua fiscalização, os seguintes procedimentos:

– Licenciamento para o exercício da actividade de mediação imobiliária;
– Inscrição para a actividade de angariação imobiliária;
– Revalidação da licença;
– Revalidação da inscrição;
– Registo de alteração de sede e de denominação social de empresa de mediação imobiliária;
– Registo de alteração de firma e domicílio de angariador imobiliário;
– Registo de abertura de estabelecimentos;
– Emissão de licença em segunda via;
– Emissão de cartão de identificação de administrador, gerente ou director de empresa de mediação em segunda via;
– Emissão de cartão de identificação de angariador imobiliário em segunda via;
– Emissão de certidões;
– Inscrição em exame de capacidade profissional.

Valores da taxa:

– A taxa devida pelo licenciamento e pela revalidação das licenças tem por valor três vezes o índice 100 da escala salarial das carreiras de regime geral do sistema retributivo da função pública em vigor à data em que a taxa se mostrar devida, doravante designado por índice 100;
– A taxa devida pela inscrição e pela revalidação da inscrição tem por valor o índice 100.

As taxas devidas por qualquer acto relacionado com as actividades de mediação imobiliária e de angariação imobiliária vêm explanadas na referida Portaria n.º 1328/2004 de 19 de Outubro, pelo que se remete para a sua leitura.

Revalidação das licenças

O Dec.-Lei n.º 211/2004 estipula no art. 10.º que a revalidação da licença deve ser requerida no decurso dos últimos 6 meses da respectiva validade e até 3 meses antes da data do seu termo.

Assim, o prazo estabelecido para a revalidação das licenças sofreu alteração em relação ao regime anterior que estipulava o prazo de 30 dias antes da data do termo da licença (art. 13.º, n.º 1 do Dec.-Lei n.º 77/99).

Procedimento: O pedido de revalidação da licença é formulado em requerimento do qual deverá constar a declaração de que a entidade reúne os requisitos de capacidade profissional.

Documentos:

– Certificado do registo criminal dos administradores, gerentes ou directores ou, tratando-se de sociedade com sede efectiva noutro Estado da União Europeia, dos mandatários da respectiva representação permanente em Portugal;
– Documento, emitido pela entidade competente, comprovativo da regularidade da respectiva situação perante a segurança social;
– Documento, emitido pela repartição de finanças da área da sede da requerente, comprovativo da regularidade da respectiva situação fiscal;
– Documento comprovativo de que a empresa possui capitais próprios positivos, subscrito pelos representantes legais que obrigam a sociedade e pelo respectivo técnico oficial de contas, fazendo prova da sua qualidade;
– Documento comprovativo da realização de formação contínua.

Prazo: O pedido de revalidação da licença é apreciado no prazo máximo de 30 dias a contar da data da sua entrada no IMOPPI.

O pedido de revalidação a licença só é deferido se estiverem reunidos os requisitos necessários à obtenção da licença e tiver sido paga a taxa devida, prevista no n.º 1, al. c) e n.º 2 da Portaria n.º 1328/2004 de 19 de Outubro.

O n.º 3 da referida Portaria estipula que a taxa a pagar pela revalidação da inscrição tem por valor o índice 100 da escala salarial das carreiras de regime geral do sistema retributivo da função pública em vigor à data em que a taxa se mostrar devida, como já se referiu.

3. Angariação Imobiliária

A actividade de angariação imobiliária vem definida no art. 4.º do Dec.-Lei n.º 211/2004, de 20 de Agosto como "aquela em que, por contrato de prestação de serviços, uma pessoa singular se obriga a desenvolver as acções e a prestar os serviços previstos, respectivamente, nos n.ºs 2 e 3 do artigo 2.º, necessários à preparação e ao cumprimento dos contratos de mediação imobiliária, celebrados pelas empresas de mediação imobiliária".

Importa referir quais os serviços referidos nos n.ºs 2 e 3 do artigo 2.º:

- Acções de prospecção e recolha de informações que visem encontrar o bem imóvel pretendido pelo cliente;
- Acções de promoção dos bens imóveis sobre os quais o cliente pretenda realizar negócio jurídico, designadamente através da sua divulgação, publicitação ou da realização de leilões;
- Serviços de obtenção de documentação e de informação necessários à concretização dos negócios objecto do contrato de mediação imobiliária, que não estejam legalmente atribuídos, em exclusivo, a outras profissões.

Os prestadores de serviços são os angariadores para efeitos do regime instituído pelo Dec.-Lei n.º 211/2004.

3.1. *Requisitos de ingresso e manutenção na actividade*

A actividade de angariação imobiliária terá de ser exercida, por força do n.º 2 do citado artigo 4.º, de forma exclusiva, estando vedado ao angariador imobiliário o exercício de outras actividades comerciais ou profissionais.

O angariador poderá prestar os seus serviços em exclusivo **a uma só empresa de mediação imobiliária**, numa determinada área geográfica, se tal estiver previsto no contrato de prestação de serviços celebrado entre ambos.

O contrato de prestação de serviços celebrado entre o angariador imobiliário e a empresa de mediação imobiliária tem de ser celebrado por escrito.

Em resumo, a actividade de angariação imobiliária consiste na prestação de serviços a empresas de mediação imobiliária, mediante um contrato de prestação de serviços celebrado entre angariador e empresa de mediação imobiliária, que visa desenvolver actividades de:
– prospecção e recolha de informações relativas a imóveis;
– promoção dos bens imóveis;
– obtenção da documentação necessária à concretização de negócios objecto do contrato de mediação imobiliária.

Requisitos: os angariadores imobiliários terão que:
– Estar inscritos no IMOPPI;
– Celebrar contrato de prestação de serviços com empresas imobiliárias;
– Exercer a actividade de angariação imobiliária de forma exclusiva.

Inscrição no IMOPPI

O pedido de inscrição para o exercício da actividade de angariação imobiliária é formulado em **requerimento** dirigido ao presidente do conselho de administração do IMOPPI, do qual deve constar a identificação do requerente, com indicação da firma, do número de contribuinte e do domicílio, bem como das marcas e nomes comerciais usados no exercício da actividade.

Documentos:

– Cartão de identificação de empresário em nome individual;
– Bilhete de identidade;
– Certificado do registo criminal;
– Declaração do requerente em como possui idoneidade comercial;

- Documentos comprovativos das habilitações literárias e experiência profissional, quando exigida;
- Documento, emitido pela entidade competente, comprovativo da regularidade da respectiva situação perante a segurança social ou, tendo iniciado a actividade há menos de seis meses, comprovativo da respectiva inscrição;
- Documento, emitido pela repartição de finanças da área do domicílio do requerente, comprovativo da regularidade da respectiva situação fiscal ou, tendo iniciado a actividade há menos de seis meses, fotocópia da declaração de inscrição no registo/início de actividade, conforme entregue na repartição de finanças.

Taxa: Após a comprovação de todos os requisitos estabelecidos para a inscrição, o requerente é notificado para, no prazo de 15 dias a contar da emissão da respectiva guia, proceder ao pagamento da taxa aplicável.

Caso o requerente haja lugar ao pagamento de coimas aplicadas por decisão tornada definitiva, é igualmente notificado para o seu pagamento, caso não haja sido efectuado.

Regime transitório: a falta de inscrição do angariador imobiliário no IMOPPI não implica actividade ilegal uma vez que a lei faculta, no n.º 4 do art. 53.º do Dec.-Lei n.º 211/2004, a possibilidade de os interessados requererem a sua inscrição no prazo de 90 dias úteis a contar da data da entrada em vigor de toda a regulamentação do sector.

Cartão de identificação

Com o deferimento do pedido de inscrição é emitido um cartão de identificação que constitui o título que habilita o angariador a exercer a actividade de angariação imobiliária.

Do cartão de identificação devem constar as seguintes menções:
- A firma;
- O número de inscrição e respectiva data de validade;
- O número de identificação fiscal de empresário em nome individual;
- O domicílio;
- Fotografia do rosto do requerente, tipo passe, obtida há menos de um ano, a cores e fundo liso, com boas condições de identificação e medidas adequadas ao modelo do cartão de identificação.

Revalidação da inscrição

A revalidação inscrição deve ser requerida 3 meses antes do termo do prazo de validade da inscrição e no decurso dos últimos 6 meses da respectiva validade.

Exemplo: Uma licença caduca em 01-07-2005: – o pedido de revalidação terá de ser efectuado no decurso dos últimos 6 meses da vigência da licença e 3 meses antes da licença expirar. O pedido de revalidação da licença terá de ser entregue até 31-03-2005.

Cancelamento da inscrição

Há lugar ao cancelamento da inscrição nas seguintes situações:

– Quando requerido pelo interessado;
– Por falta dos requisitos de ingresso e manutenção na actividade de angariador;
– Como sanção de interdição do exercício da actividade;
– No caso de cessação da actividade de angariação;
– Pela falta de pagamento de coima aplicada em processo de contra--ordenação levantado ao angariador.

Requisitos de ingresso e manutenção

São os seguintes os requisitos exigíveis para a emissão da licença da actividade de angariação imobiliária:

– O requerente ser empresário em nome individual;
– Adoptar uma firma com a expressão"Angariador Imobiliário" e registá-la na Declaração de Início de Actividade no Serviço de Finanças da área do seu domicílio profissional;
– Possuir situação contributiva regularizada, comprovada por certidões negativas de dívida emitidas pela Segurança Social e pelo Serviço de Finanças;
– Possuir idoneidade comercial, comprovada por declaração emitida e assinada pelo requerente em como não foi condenado por crimes ou contra-ordenações e pela apresentação do certificado de registo criminal do próprio;
– Possuir capacidade profissional.

3.2. Capacidade profissional

O art. 26.° do Dec.-Lei n.° 211/2004 e o n.° 5 da Portaria n.° 1326//2004 de 19 de Outubro estabelecem que tem capacidade profissional quem possuir:
- Escolaridade mínima obrigatória;
- Formação inicial.

Escolaridade mínima obrigatória

Não se exige que o requerente possua o 9.° ano de escolaridade, mas sim a comprovação das habilitações mínimas obrigatórias à data do nascimento do requerente, o que se comprova com a certidão de nascimento do mesmo.
- Até 1 de Janeiro de 1967 – escolaridade mínima = 1.° ano (antiga 4.ª classe);
- De 1 de Janeiro de 1967 a 1980 – escolaridade mínima = 6.° ano de escolaridade;
- A partir de 1980 – escolaridade mínima = 9.° ano de escolaridade

No caso de o requerente possuir habilitações literárias inferiores ao 9.° ano de escolaridade deve comprovar que tem experiência profissional no exercício de funções administrativas, de gerência ou comerciais no sector do imobiliário, abrangendo:
- Construção
- Imobiliária
- Gestão de condomínios
- Gestão de imóveis
- Outras actividades relacionadas com o sector.

Formação inicial

Ficam dispensados de comprovar formação inicial os interessados que possuam grau de bacharel ou de licenciado em curso cujo plano curricular integre, como vertente dominante, formação numa das áreas seguintes:
- Economia;
- Actividades imobiliárias;
- Administração;
- Gestão de empresas;

- Gestão financeira;
- Gestão de pessoal;
- Direito;
- Solicitadoria;
- Ordenamento do território;
- Urbanismo e planeamento;
- Arquitectura;
- Engenharia civil;
- Engenharia de construção.

Exame

A formação inicial adquire-se através da aprovação em exame.

O exame que o angariador deverá fazer por conta da formação exigida é diferente do exame do mediador imobiliário. As matérias são as mesmas, mas não se exige o conhecimento das matérias relacionadas com as empresas de mediação.

Para efeitos de obtenção de licença para o exercício da actividade de mediação imobiliária ou de inscrição para o exercício da actividade de angariação imobiliária, a formação inicial só é relevante quando tenha sido realizada **há menos de um ano**.

Formação contínua

A revalidação da licença da actividade de angariador assenta no sistema de créditos, que consiste na presença em acções de formação, congressos, seminários, e outras acções que incidam sobre conteúdos programáticos relativos ao regime jurídico regulador das actividades de mediação imobiliária e angariação imobiliária, sem prejuízo de outros conteúdos considerados relevantes pelo IMOPPI, nomeadamente actos e contratos, registos e notariado, fiscalidade, financiamentos bancários, seguros, técnicas e patologias da construção, urbanismo e estudos de mercado.

3.3. *Obrigação de identificação*

O art. 27.º, n.º 2 do Dec.-Lei n.º 211/2004 estabelece que em todos os actos em que os angariadores intervenham como prestadores de serviços às empresas de mediação devem indicar a sua firma e o número da sua inscrição.

Os angariadores devem, igualmente, indicar a denominação social e o número da licença da empresa de mediação imobiliária a quem prestam o serviço.

A novidade do novo regime legal consiste na obrigação de identificação do seu número de inscrição como angariador, uma vez que face ao anterior Dec.-Lei n.º 77/99 já era obrigatória a sua identificação pessoal e a identificação da denominação social e o número da licença da empresa de mediação imobiliária.

Trabalhadores: Na sua actividade externa, os trabalhadores ao serviço de angariador imobiliário têm de estar identificados através de cartões de identificação com o respectivo nome e fotografia.

3.4. Incompatibilidades

É vedado aos angariadores imobiliários no exercício da sua actividade:

– Celebrarem contratos de prestação de serviços com empresas de mediação imobiliária não licenciadas pelo IMOPPI;
– Serem sócios ou gerentes, administradores ou directores de empresas de mediação imobiliária;
– Exercer a actividade por interposta pessoa, ou seja, terem prestadores de serviços que exerçam as funções de angariador – os angariadores estão obrigados a celebrar contratos de prestação de serviços exclusivamente com empresas de mediação – salvo no que se refere aos seus trabalhadores;
– Assinar contratos de mediação imobiliária em nome e por conta da empresa de mediação imobiliária – estes contratos apenas podem ser celebrados pelos representantes legais de empresas de mediação imobiliária;
– Intervir como parte interessada em negócio ou promessa de negócio em que tenha sido angariador; considera-se que o angariador também intervém como parte interessada quando o negócio seja celebrado entre terceiro que haja contratado a empresa de mediação a quem preste serviços e sociedade de que o angariador seja sócio, bem como o seu cônjuge, descendentes ou ascendentes do 1.º grau;

– Efectuar atendimento do público em estabelecimento próprio – apenas as empresas de mediação imobiliária podem ter estabelecimento aberto ao público.

3.5. Recebimento de quantias

O art. 33.º do Dec.-Lei n.º 211/2004 estabelece que os angariadores imobiliários estão obrigados a entregar de imediato às empresas de mediação todas as quantias que, naquela qualidade, lhes sejam confiadas pelos interessados na realização dos negócios objecto dos contratos de mediação.

Reservas: Também aqui se assinala que as vulgarmente designadas *"reservas"* não são um instituto jurídico, e, como qualquer quantia recebida no âmbito do negócio, têm de ser devolvidas ao prestador.

Em relação às reservas o Dec.-Lei n.º 211/2004 é claro ao estipular que o mediador é responsável pela entrega das quantias recebidas por conta do negócio aos interessados.

O angariador, por sua vez, deve entregar de imediato ao mediador qualquer quantia recebida no âmbito do negócio. Por isso, em última análise, a responsabilidade final perante os interessados pela restituição das quantias recebidas no âmbito dos negócios imobiliários pertence ao mediador.

3.6. Retribuição

A retribuição devida pela prestação de serviços de angariação imobiliária é a que consta do contrato de prestação de serviços celebrado entre o angariador e a empresa de mediação imobiliária. É o regime consagrado no art. 34.º do Dec.-Lei n.º 211/2004.

O angariador deve cobrar a sua remuneração à empresa de mediação com quem celebrou contrato de prestação de serviços, sendo expressamente proibido ao angariador cobrar a sua remuneração directamente ao cliente.

3.7. Deveres perante o IMOPPI

Os angariadores estão obrigados para com o IMOPPI a:

- Comunicar ao IMOPPI qualquer alteração verificada nos requisitos de ingresso e manutenção na actividade de angariação imobiliária, no prazo de 15 dias a contar da respectiva ocorrência;
- Comunicar previamente ao IMOPPI o uso de marcas;
- Comunicar ao IMOPPI todas as alterações que impliquem actualização do registo dos angariadores imobiliários, no prazo de 30 dias a contar da respectiva ocorrência;
- Enviar ao IMOPPI, no prazo por este determinado, os elementos relacionados com o exercício da actividade que lhe sejam solicitados;
- Conservar actualizado um arquivo de todos os contratos de prestação de serviços celebrados com as empresas de mediação imobiliária;
- Prestar ao IMOPPI, no exercício da sua competência de fiscalização, ou a qualquer entidade com competências de fiscalização, todas as informações, bem como facultar-lhe o acesso às instalações, ao arquivo previsto na alínea *e*) e à demais documentação relacionada com a sua actividade;
- Comunicar ao IMOPPI a cessação da respectiva actividade.

Os contratos de prestação de serviços celebrados com empresas de mediação imobiliária devem ser arquivados e conservados durante os 5 anos civis subsequentes ao da respectiva celebração.

4. Fiscalização e sanções

O IMOPPI tem competência para exercer funções de inspecção e fiscalização em relação às actividades de:

- Construção
- Mediação
- Angariação
- Ficha Técnica da Habitação

O IMOPPI tem competência para instaurar processos de contra-ordenação divididos em duas área de actuação:

- No terreno – acções de inspecção nas sedes das empresas, nos estaleiros de obras, nos locais de atendimento ao público (estabelecimentos), levantamento de autos de noticia e outros procedimentos;
- No IMOPPI – instauração de processos de contra-ordenação e aplicação de coimas por falta do cumprimento dos deveres dos mediadores imobiliários e dos angariadores imobiliários perante o IMOPPI.

4.1. Advertência

Em relação aos poderes de advertência do IMOPPI foi introduzida uma alteração importante pelo Dec.-Lei n.º 211/2004:

- À face do anterior regime do Dec.-Lei n.º 77/99, se algum agente detectasse alguma irregularidade num estabelecimento de atendimento ao público, era solicitado aos seus responsáveis que regularizassem a situação antes que fossem causados danos a terceiros;
- Agora, face ao Dec.-Lei n.º 211/2004 sempre que estejam em causa ilícitos gravosos, os serviços de inspecção do IMOPPI advertir o infractor para regularizar a situação sob pena de incorrer em contra-ordenação.

Este procedimento de advertência só pode ser aplicado desde que à empresa não tenham sido instaurados processos de advertência nos últimos 2 anos.

4.2. Medidas cautelares

O art. 43.º do Dec.-Lei n.º 211/2004 prevê a aplicação de medidas cautelares, no caso de existirem fortes indícios da prática de contra-ordenação punível com coima cujo limite máximo seja igual ou superior a € 15.000 ou quando se verifique a existência de perigo de destruição de meios de prova necessários à instrução do processo de contra-ordenação.

As medidas cautelares aplicáveis são as seguintes:

– Encerramento preventivo de estabelecimento, no caso exercício da actividade de mediação imobiliária sem a respectiva licença;
– Suspensão da apreciação de pedido de licenciamento, inscrição ou revalidação formulado pelo infractor junto do IMOPPI.

Na vigência do regime anterior do Dec.-Lei n.º 77/99, nos casos em que era detectada alguma irregularidade ou falta de licença teria obrigatoriamente de ser levantado Auto de Notificação.

O Dec.-Lei n.º 211/2004 veio permitir a aplicação das referidas medidas cautelares, sempre que se verifique uma situação de actividade ilegal e desde que haja fortes indícios da irregularidade, o que se obtém através dos meios de prova no âmbito do processo contra-ordenacional.

Pretende-se com estas medidas prevenir e não permitir o exercício de actividades ilícitas.

O encerramento temporário do estabelecimento só pode ser feito por prazo não superior a 1 ano.

4.3. *Limites das coimas*

O art. 44.º do Dec.-Lei n.º 211/2004 estabelece os limites das coimas aplicáveis em sede de processo de contra-ordenação.

Em relação à actividade de mediação imobiliária as coimas situam-se entre:

– Valores mínimo e máximo: € 500 e € 30.000

Em relação à actividade de angariação imobiliária as coimas situam-se entre:

– Valores mínimo e máximo: € 250 e € 15.000.

Com o novo regime instituído pelo Dec.-Lei n.º 211/2004 foi estabelecido o aumento do limite máximo para as infracções mais graves e a redução do limite mínimo para as contra-ordenações mais leves.

4.4. Sanções acessórias

O art. 45.º do Dec.-Lei n.º 211/2004 estabelece a aplicação de sanções acessórias quando a gravidade da infracção justifique a sua aplicação. Constituem sanções acessórias as seguintes:

– Encerramento do estabelecimento
– Interdição do exercício da actividade
– Privação do direito de participar em feiras ou mercados.

Estas sanções podem ser aplicadas no seu todo ou podem ser aplicadas em separado.

Prazo: Têm a duração máxima de 2 anos contados da data da decisão condenatória definitiva.

4.5. Responsabilidade criminal

O art. 49.º do Dec.-Lei n.º 211/2004 estabelece os limites da responsabilidade criminal no âmbito do sector imobiliário:

– Define como prática integrante do **crime de desobediência a** falta de cumprimento de medida cautelar ou de sanção acessória imposta e comunicada pelo IMOPPI;
– Define como prática integrante do **crime de falsificação de documento** a prestação de falsas declarações ou falsas informações escritas ou falsificação de documentos no âmbito dos procedimentos administrativo obrigatórios para com o IMOPPI.

4.6. Menções especiais

O art. 50.º do Dec.-Lei estabelece que a escritura pública ou documento particular que titule negócio sobre bem imóvel deve mencionar se o mesmo foi objecto de intervenção de mediador imobiliário, com a indicação da respectiva denominação social e número da licença.

Este artigo tem dado origem um efeito mais imediato no mercado. O notário fica obrigado a averiguar se o negócio foi objecto de mediação imobiliária e, em caso afirmativo, deve especificar na escritura a denominação social e o número da licença da empresa de mediação imobiliária.

No caso de se constatar que a empresa não possui a devida licença o notário deve enviar ao IMOPPI cópia da escritura com a menção da falta da licença.

Neste caso estamos perante falsas declarações que constituem crime como acima referimos.

Por força deste imperativo legal, o notário agora exige saber se houve intervenção de mediador imobiliário e quem é o mediador. Normalmente, é junto do cliente ou consumidor que o notário faz esta averiguação. O consumidor deve, assim, dizer sempre quem foi o mediador imobiliário do negócio não devendo omitir quaisquer informações, para obstar ao exercício ilegal da actividade, e sob pena de incorrer no crime de falsidade de depoimento ou declaração.

II
LEGISLAÇÃO

DECRETO-LEI N.º 68/2004
DE 25 DE MARÇO

Estabelece os requisitos a que obedecem a publicidade e a informação disponibilizadas aos consumidores no âmbito da aquisição de imóveis para habitação

O presente diploma estabelece um conjunto de mecanismos que visam reforçar os direitos dos consumidores à informação e à protecção dos seus interesses económicos no âmbito da aquisição de prédio urbano para a habitação. É facto comummente aceite o de que a compra de habitação envolve um processo complexo. Para o consumidor, tal implica a tomada de decisões relativamente a uma série de aspectos extremamente importantes que necessariamente têm repercussões, desde logo, no plano orçamental. As escolhas efectuadas neste processo têm, além de mais, reflexos a médio e longo prazos, razão pela qual influenciam directamente a pessoa ou o agregado familiar que as fazem. Estão, pois, em causa decisões relacionadas com o preço de venda, com o enquadramento urbanístico e, fundamentalmente, com as características da habitação, incluindo opções relacionadas com eficiência energética e gestão ambiental. Para apoiar os consumidores que pretendem adquirir a sua habitação, torna-se indispensável disponibilizar aos principais interessados um conjunto de informações suficientes que lhes permita fazer análises comparativas em função daquilo que, em cada momento, constitui a oferta no mercado da construção e perceber o que melhor satisfaz os interesses em causa. Concretizando estes objectivos, o presente diploma estabelece um conjunto de obrigações a cargo de quantos se dediquem, profissionalmente, à actividade de construção de prédios urbanos habitacionais para comercialização. Desde logo, importa referir a obrigação de elaboração e disponibilização aos consumidores adquirentes de um documento descritivo das principais características técnicas e funcionais da habitação, características estas que se reportam ao momento de conclusão das respectivas obras de construção. Este documento descritivo, que no presente diploma toma a designação "Ficha técnica da habitação", deve obedecer a um conjunto de requisitos legais e conter um conjunto mínimo de informações, eventualmente acompanhado de informações complementares. Quer as informações mínimas obrigatórias quer as informações complementares devem encontrar-se redigidas em língua portuguesa, de forma clara e perceptível para o destinatário. Ainda no que se refere à ficha técnica, compete ao técnico responsável da obra e ao promotor imobiliário atestar a correspondência das informações dela constantes com as características da habitação à data de conclusão das obras, através das respectivas assinaturas feitas na própria ficha. Por outro lado, determina o presente diploma que a não apresentação de ficha técnica da habitação implica a não celebração da escritura pelo notário. Esta regra, destinada aos contratos celebrados entre profissionais e consumidores, aplica-se, também, aos contratos celebrados entre consumidores, caso o prédio urbano objecto de transmissão já possua ficha técnica da habitação. Acresce também que no diploma se faz impender sobre o proprietário do imóvel o dever de conservar a ficha técnica da habitação, podendo este, em caso de perda ou de destruição, solicitar a emissão de segunda via da referida ficha ao promotor imobiliário ou à câmara municipal onde se encontra depositada. O presente diploma inclui, igualmente, as regras a que deve obedecer a publicidade sobre imóveis para habitação e a informação que deve estar disponível nos estabelecimentos de venda, bem como normas de responsabilização do técnico da obra e do promotor imobiliário pelos danos causados ao comprador em virtude da declaração ou das informações que, constando da ficha técnica da habitação, não correspondam às verdadeiras características do imóvel. Finalmente, e pese embora a circunstância de o regime agora previsto se centrar na informação que deve ser disponibilizada nos contratos que envolvam a aquisição da propriedade de prédios urbanos destinados à habitação, não deixa de se estabelecer uma "primeira regra" no que se refere às obrigações similares decorrentes da celebração de contratos de arrendamento. Deste modo, nos contratos de arrendamento relativos a prédios ou fracções abrangidos pelo diploma, o locador, seja ele profissional ou não, deve, antes da celebração do contrato definitivo, facultar aos futuros arrendatários o acesso à ficha técnica da habitação. Foram ouvidos os órgãos de governo próprio das Regiões Autónomas, bem como o Conselho Nacional do Consumo e a Associação Nacional de Municípios Portugueses.

Assim: Nos termos da alínea *a*) do n.º 1 do artigo 198.º da Constituição, o Governo decreta o seguinte:

CAPÍTULO I – Objectivos, âmbito de aplicação e definições

ARTIGO 1.º – Objectivos

O presente diploma estabelece um conjunto de mecanismos que visam reforçar os direitos dos consumidores à informação e à protecção dos seus interesses económicos no âmbito da aquisição de prédio urbano para habitação, bem como promover a transparência do mercado.

ARTIGO 2.º – Âmbito

1 – A informação disponibilizada pelos profissionais no âmbito da actividade de construção e aquisição de prédios urbanos destinados à habitação bem como a respectiva publicidade estão sujeitas às regras previstas no presente diploma.

2 – As regras referentes à ficha técnica da habitação, constantes do capítulo II, não se aplicam:

a) Aos prédios construídos antes da entrada em vigor do Regulamento Geral das Edificações Urbanas, aprovado pelo Decreto-Lei n.º 38 382, de 7 de Agosto de 1951;

b) Aos prédios que se encontrem edificados e sobre os quais exista licença de utilização ou haja requerimento apresentado para a respectiva emissão à data da entrada em vigor do presente diploma.

ARTIGO 3.º – Definições

1 – Para efeitos do presente diploma, entende-se por:

a) "Promotor imobiliário" a pessoa singular ou colectiva, privada ou pública, que, directa ou indirectamente, decide, impulsiona, programa, dirige e financia, com recursos próprios ou alheios, obras de construção ou de reconstrução de prédios urbanos destinados à habitação, para si ou para aquisição sob qualquer título;

b) "Habitação" a unidade na qual se processa a vida de um agregado residente no edifício, a qual compreende o fogo e as suas dependências;

c) "Fogo" o conjunto de espaços e compartimentos privados nucleares de cada habitação (tais como salas, quartos, cozinha, instalações sanitárias, arrumos, despensa, arrecadações em cave ou em sótão, corredores, vestíbulos), conjunto esse confinado por uma envolvente que separa o fogo do ambiente exterior e do resto do edifício;

d) "Dependências do fogo" os espaços privados periféricos desse fogo (tais como varandas, balcões, terraços, arrecadações em cave ou em sótão ou em corpos anexos, logradouros pavimentados, telheiros e alpendres), espaços esses exteriores à envolvente que confina o fogo;

e) "Espaços comuns" os espaços destinados a serviços comuns (átrios, comunicações horizontais e verticais, pisos vazados, logradouros e estacionamentos em cave nos edifícios multifamiliares) e espaços destinados a serviços técnicos;

f) "Compartimento" o espaço privado, ou conjunto de espaços privados directamente interligados, delimitado por paredes e com acesso através de vão ou vãos guarnecidos com portas ou com disposições construtivas equivalentes;

g) "Planta simplificada" a planta rigorosa e à escala, limpa de informação dispensável à perfeita compreensão do objecto de representação, por forma a melhor comunicar com o consumidor comum;

h) "Serviços acessórios" os serviços de apoio residencial disponibilizados no acto da compra ou de arrendamento da habitação, tais como portaria e vigilância, salas equipadas para actividades especializadas e zonas exteriores ajardinadas e ou equipadas, designadamente, com mobiliário urbano ou instalações de lazer e recreio.

2 – Relevam ainda, no tocante à aplicação do presente diploma:

a) O Regulamento Geral das Edificações Urbanas, aprovado pelo Decreto-Lei n.º 38 382, de 7 de Agosto de 1951, com as posteriores alterações, para as definições de área bruta da habitação, área bruta do fogo, área útil de um compartimento e área útil do fogo;

b) O Regime Jurídico da Urbanização e da Edificação, aprovado pelo Decreto-Lei n.º 555/99, de 16 de Dezembro, com as posteriores alterações, para as definições de construção, reconstrução, ampliação e alteração.

3 – As obrigações a cargo do promotor imobiliário previstas no presente diploma incumbem, na falta deste, ao profissional que venda ou que transmita onerosamente o prédio urbano destinado à habitação.

CAPÍTULO II – **Da ficha técnica da habitação**

ARTIGO 4.º – **Ficha técnica da habitação**

1 – Sem prejuízo de outras obrigações legais, o promotor imobiliário está obrigado a elaborar um documento descritivo das características técnicas e funcionais do prédio urbano para fim habitacional, documento que toma a designação "Ficha técnica da habitação".

2 – As características técnicas e funcionais descritas na ficha técnica da habitação reportam-se ao momento de conclusão das obras de construção, reconstrução, ampliação ou alteração do prédio urbano de acordo com o conteúdo das telas finais devidamente aprovadas.

3 – Compete ao técnico responsável pela obra e ao promotor imobiliário atestar a correspondência entre as informações a que se referem os n.ºs 2, 3, 4, 5 e 6, alínea c), todos do artigo 7.º, constantes na ficha técnica da habitação e as características da habitação, através de declaração comprovativa devidamente assinada na referida ficha.

4 – Para efeitos da divulgação prevista no artigo 11.º e nos casos em que a obra ainda não está concluída, deve existir uma versão provisória da ficha técnica da habitação, cujo teor informativo se reporta aos projectos de arquitectura e das especialidades.

5 – A versão provisória a que se refere o número anterior deve ser atestada pelos autores dos projectos.

ARTIGO 5.º – **Arquivo e depósito da ficha técnica da habitação**

1 – O promotor imobiliário deve manter, por um período mínimo de 10 anos, um arquivo devidamente organizado das fichas técnicas da habitação que tenha emitido relativas a cada prédio ou fracção.

2 – Sem prejuízo da obrigação estabelecida no n.º 1 do presente artigo, o promotor imobiliário está obrigado a depositar um exemplar da ficha técnica da habitação de cada prédio ou fracção na câmara municipal onde correr os seus termos o processo de licenciamento respectivo.

3 – O depósito referido no número anterior é efectuado contra o pagamento de taxa a fixar pela assembleia municipal, sob proposta da câmara municipal, antes da realização da escritura que envolva a aquisição da propriedade de prédio ou fracção destinada à habitação.

ARTIGO 6.º – **Redacção da ficha técnica da habitação**

1 – A ficha técnica da habitação deve estar redigida em língua portuguesa, em termos claros e compreensíveis para o comprador, de modo a ser facilmente legível e sem remissões para textos técnicos cuja compreensão pressuponha conhecimentos específicos.

2 – Os elementos constantes da ficha técnica da habitação devem estar em conformidade com os projectos de arquitectura e das especialidades e integrar as alterações ocorridas ao longo da obra, tal como se encontram registadas nas telas finais, de acordo com o previsto nos n.ᵒˢ 4 e 5 do artigo 128.º do Decreto-Lei n.º 555/99, de 16 de Dezembro.

ARTIGO 7.º – **Elementos constantes da ficha técnica da habitação**

1 – A ficha técnica da habitação deve conter informação sobre os principais profissionais envolvidos no projecto, construção, reconstrução, ampliação ou alteração, bem como na aquisição da habitação, e ainda sobre o loteamento, o prédio urbano e a fracção autónoma ou a habitação unifamiliar.

2 – A informação sobre os profissionais envolvidos deve incluir:

a) Identificação do construtor, contendo os dados de inscrição no Instituto dos Mercados de Obras Públicas e Particulares e do Imobiliário (IMOPPI);

b) Identificação dos autores dos projectos de arquitectura e de estruturas, contendo os números de registo como membros das respectivas ordens profissionais;

c) Identificação do técnico responsável da obra, com identificação do número de registo na respectiva ordem, ou na associação profissional, se for o caso;

d) Identificação do promotor imobiliário.

3 – A informação sobre o loteamento deve incluir:

a) Número total de edifícios;

b) Número total de fogos;

c) Número total de lugares de estacionamento;

d) Número e tipo de equipamentos colectivos existentes e ou previstos;

e) Identificação das entidades incumbidas da promoção, da gestão e da manutenção dos equipamentos referidos na alínea anterior;

f) Planta de síntese do loteamento, com o conteúdo previsto na legislação em vigor, nomeadamente na Portaria n.º 1110/2001, de 19 de Setembro.

4 – A informação sobre o prédio urbano deve incluir:

a) Identificação do prédio urbano, com indicação da sua localização, do número de inscrição na matriz predial e do número e data da licença de utilização;

b) Descrição do prédio urbano, com indicação do número de pisos acima do solo, do número total de fogos, do número de ascensores, da existência de outro tipo de utilização que não a habitacional e respectiva localização, do número de lugares de estacionamento reservado aos moradores do prédio, das condições de acesso a pessoas com mobilidade condicionada e da existência de sala de reuniões de condóminos e de casa do porteiro;

c) Caracterização das soluções construtivas dos principais elementos de construção do prédio, nomeadamente das fundações e da estrutura, das paredes exteriores e da cobertura;

d) Descrição dos principais materiais e produtos de construção utilizados nos espaços comuns do edifício, especialmente daqueles que estejam em contacto directo com os moradores, e lista dos respectivos fabricantes, contendo contactos e moradas;

e) Descrição dos sistemas de controlo e gestão do prédio, nomeadamente no que se refere à segurança contra intrusão, à segurança contra incêndio, à gestão energética e à gestão ambiental;

f) Localização dos equipamentos ruidosos, tais como ascensores, grupos geradores e grupos hidropressores;

g) Localização de equipamentos facultativos de condições de acesso ao prédio de pessoas com deficiência, nomeadamente motora, visual ou auditiva;

h) Planta simplificada do piso de entrada no edifício, com indicação da orientação, e a localização das portas exteriores, circulações horizontais, escadas e ascensores.

5 – A informação sobre a fracção autónoma deve incluir:

a) Identificação da fracção autónoma, com indicação da sua localização e do número e data da licença de utilização;

b) Descrição da habitação, nomeadamente do fogo e das dependências do fogo, com indicação da área bruta da habitação, da área bruta do fogo, da área útil do fogo, da área útil de cada compartimento e da área útil de cada dependência do fogo;

c) Caracterização das soluções construtivas dos principais elementos de construção, nomeadamente das paredes exteriores e interiores, dos pavimentos e escadas, dos tectos e coberturas, das portas exteriores e interiores, da caixilharia exterior e dos sistemas de protecção solar dos vãos;

d) Descrição dos principais materiais e produtos de construção, especialmente daqueles que estejam em contacto directo com os moradores, e lista dos respectivos fabricantes, contendo os seus contactos e moradas;

e) Caracterização das instalações na habitação, nomeadamente de distribuição de água, de drenagem de águas residuais domésticas, de drenagem de águas pluviais, de distribuição de gás, de distribuição de energia eléctrica, de climatização e aquecimento, de ventilação e evacuação de fumos e gases e de comunicações telefónicas e telecomunicações;

f) Descrição dos equipamentos incorporados na habitação, nomeadamente dos da cozinha e das instalações sanitárias, e lista dos respectivos fabricantes, contendo os seus contactos e moradas;

g) Planta simplificada do piso de acesso ao fogo, com destaque para a localização do fogo e dos espaços comuns, e com indicação da localização de extintores portáteis e das saídas de emergência em caso de incêndio;

h) Plantas simplificadas da habitação, incluindo planta do fogo com identificação de todos os compartimentos e a localização dos equipamentos incorporados, fixos ou móveis;

i) Plantas simplificadas das redes existentes na habitação, nomeadamente das redes de distribuição de água, de drenagem de águas residuais domésticas, de distribuição de energia eléctrica, de distribuição de gás, de climatização e aquecimento e de comunicações e entretenimento.

6 – A ficha técnica da habitação deve ainda conter informação sobre:

a) Garantia da habitação, bem como o seu modo de accionamento em caso de detecção de defeitos;

b) Regras de funcionamento do condomínio, caso existam, e contratos de prestação de serviços que tenham sido celebrados;

c) Regras de manutenção dos equipamentos instalados que requerem tratamento especial.

7 – A informação sobre as soluções construtivas a que se referem as alíneas *c)* dos n.ºs 4 e 5 deve incidir fundamentalmente sobre os aspectos determinantes para a segurança, a saúde e o conforto dos utentes da habitação.

8 – Os elementos gráficos a que se referem as alíneas *f*) do n.º 3, *h*) do n.º 4 e *g*), *h*) e *i*) do n.º 5 devem constituir anexos à ficha técnica da habitação, devidamente numerados.

9 – A informação sobre os principais materiais e produtos de construção utilizados na habitação, a que se refere a alínea *d*) do n.º 5 do presente artigo, deve descrever, em particular:

a) O material utilizado nas paredes com especificação da existência ou não de parede dupla e respectivos revestimentos;

b) O tipo de protecção contra ruído e variações térmicas;

c) O tipo de cobertura e de pavimento;

d) O tipo de material de impermeabilização, caso exista;

e) O tipo de material das canalizações e eficiência que os mesmos oferecem;

f) O material empregue na caixilharia e nos estores;

g) O tipo de porta de entrada.

10 – A informação prevista nas alíneas *d*) do n.º 4 e *d*) e *f*) do n.º 5 na parte em que contém referência a elementos nominativos que não sejam públicos apenas deve ser facultada ao proprietário do imóvel.

ARTIGO 8.º – **Informações complementares**

1 – O disposto no artigo anterior não prejudica a possibilidade de o promotor imobiliário incluir na ficha técnica da habitação informações complementares que considere importantes, designadamente as que se refiram a:

a) Outros aspectos relacionados com a administração do condomínio, para além dos mencionados na alínea *b*) do n.º 6 do artigo 7.º;

b) Instruções sobre uso e manutenção das instalações e equipamentos, incluindo conselhos úteis no que respeita à segurança do prédio ou fracção, espaços comuns e serviços acessórios.

2 – As informações complementares incluídas na ficha técnica da habitação devem respeitar o disposto no n.º 1 do artigo 6.º

ARTIGO 9.º – **Apresentação da ficha técnica da habitação**

1 – Sem prejuízo de outras normas aplicáveis, não pode ser celebrada a escritura pública que envolva a aquisição da propriedade de prédio ou fracção destinada à habitação sem que o notário se certifique da existência da ficha técnica da habitação e de que a mesma é entregue ao comprador.

2 – Não pode ser celebrado o contrato de compra e venda com mútuo, garantido ou não por hipoteca, nos termos do Decreto-Lei n.º 255/93, de 15 de Julho, sem que a instituição de crédito assegure a entrega da ficha técnica da habitação ao comprador no momento em que é preenchido o modelo a que se refere a Portaria n.º 669-A/93, de 16 de Julho, alterada pela Portaria n.º 882/94, de 1 de Outubro.

ARTIGO 10.º – **Conservação da ficha técnica da habitação**

1 – O proprietário do prédio ou fracção está obrigado a conservar em bom estado a respectiva ficha técnica da habitação.

2 – Em caso de perda ou destruição da ficha técnica da habitação, o proprietário deve solicitar ao promotor imobiliário ou à câmara municipal a emissão de segunda via da referida ficha.

3 – A emissão de segunda via pela câmara municipal é efectuada contra o pagamento de taxa a fixar pela assembleia municipal, sob proposta daquela.

CAPÍTULO III – **Da informação obrigatoriamente disponível nos estabelecimentos de venda e da publicidade**

ARTIGO 11.º – **Divulgação de informação**

1 – Sem prejuízo do disposto no n.º 10 do artigo 7.º, nos locais de atendimento e de venda ao público, o vendedor, a empresa de mediação imobiliária ou outro profissional que se encontre incumbido de comercializar prédios urbanos destinados à habitação está obrigado a disponibilizar informação documentada, designadamente, sobre:

a) Cópia da ficha técnica da habitação, caso esta já exista;

b) Cópia de versão provisória da ficha técnica da habitação, caso ainda não exista a ficha técnica da habitação;

c) Preço por metro quadrado da área útil da habitação;

d) Preço total da habitação, com explicitação dos impostos e outras obrigações legais que incidem sobre a aquisição e formas de pagamento propostas.

2 – Para efeitos do disposto na alínea *b)* do número anterior, os elementos constantes da versão provisória da ficha técnica da habitação devem estar em conformidade com os projectos de arquitectura e das espe-

cialidades e conter obrigatoriamente a informação indicada no n.º 2 e nas alíneas *a*), *b*), *c*) e *d*) do n.º 3, *b*), *c*), *d*), *e*) e *f*) do n.º 4 e *b*), *c*), *d*), *e*), *f*), *g*) e *h*) do n.º 5. todos do artigo 7.º

3 – Sem prejuízo das obrigações mencionadas nos números anteriores, os profissionais mencionados no n.º 1 do presente artigo estão obrigados a disponibilizar para consulta no local de venda uma cópia autenticada do projecto completo do prédio, incluindo os diversos projectos das especialidades.

4 – A informação que incida sobre prédios urbanos em construção deve, ainda, fazer referência ao número de alvará de licença de construção e aos prazos previstos para a sua conclusão.

5 – A existência da ficha técnica da habitação ou da sua versão provisória deve ser anunciada, em lugar bem visível, nos locais de atendimento e de venda ao público.

ARTIGO 12.º – **Publicidade**

1 – A publicidade sobre venda de imóveis para a habitação deve respeitar as regras constantes do Código da Publicidade, aprovado pelo Decreto-Lei n.º 330/90, de 23 de Outubro, com as alterações subsequentes que lhe foram introduzidas.

2 – Sem prejuízo do mencionado no número anterior, a publicidade à venda de imóveis para a habitação deve, em especial, ser conforme às características da habitação, esclarecer os respectivos destinatários sobre se esta se encontra em fase de construção e conter, designadamente, os seguintes elementos:

a) Identificação completa do promotor imobiliário e do vendedor, caso não sejam a mesma pessoa;

b) Prazo previsto para conclusão das obras, se for caso disso;

c) Área útil da habitação;

d) Tipo e marca dos materiais e produtos de construção, sempre que haja qualquer referência aos mesmos;

e) Existência de condições de acesso para pessoas com deficiência, nomeadamente motora, visual ou auditiva, caso tais condições existam.

3 – As fotografias ou imagens gráficas utilizadas na publicidade de imóveis devem reproduzir fielmente o local publicitado, referindo explicitamente que se representa apenas o edifício ou o edifício e a sua envolvente próxima acabada.

CAPÍTULO IV – Das contra-ordenações e da fiscalização

ARTIGO 13.° – Contra-ordenações

1 – Sem prejuízo de outras sanções que se mostrem aplicáveis, constituem contra-ordenações:

a) A inclusão na ficha técnica da habitação de informações que não têm total correspondência com as características reais da habitação;

b) As falsas declarações do técnico responsável pela obra na declaração comprovativa relativamente à correspondência das informações constantes da ficha técnica da habitação com as características da habitação;

c) A não organização em arquivo das fichas técnicas da habitação a que se refere o n.° 1 do artigo 5.°;

d) O incumprimento da obrigação de depósito na câmara municipal do exemplar da ficha técnica da habitação a que se refere o n.° 2 do artigo 5.°, ou o não cumprimento atempado dessa obrigação;

e) A violação do disposto no artigo 11.°;

f) A violação do preceituado no artigo 12.°

2 – As contra-ordenações previstas nas alíneas a) e b) do número anterior são puníveis com coima de € 2 490 até € 3 490 ou de € 12 470 até € 44 890, consoante o infractor seja pessoa singular ou pessoa colectiva.

3 – As contra-ordenações previstas nas alíneas c) e d) do n.° 1 são puníveis com coima de € 2 490 até € 3 490 ou de € 7 480 até € 24 940, consoante o infractor seja pessoa singular ou pessoa colectiva.

4 – A contra-ordenação prevista na alínea e) do n.° 1 é punível com coima de € 2 490 até € 3 490 ou de € 12 470 até € 44 890, consoante o infractor seja pessoa singular ou colectiva.

5 – A contra-ordenação referida na alínea f) do n.° 1 é punível com coima de € 1 740 até € 3 490 ou de € 3 490 até € 44 890, consoante o infractor seja pessoa singular ou pessoa colectiva.

6 – A negligência é sempre punível.

ARTIGO 14.° – Sanções acessórias

1 – Quando a gravidade da infracção o justifique, podem, ainda, ser aplicadas as seguintes sanções acessórias:

a) Apreensão de objectos utilizados na prática das contra-ordenações;

b) Encerramento temporário das instalações ou estabelecimentos onde se verifique o exercício da actividade;

c) Interdição do exercício da actividade.

2 – As sanções previstas nas alíneas *b)* e *c)* do número anterior têm uma duração máxima de dois anos, contados a partir da decisão condenatória definitiva.

ARTIGO 15.º – **Fiscalização e instrução dos processos por contra-ordenação**

1 – Constitui atribuição do Instituto do Consumidor fiscalizar e instruir os processos por contra-ordenação em matéria de publicidade a que se refere a alínea *f)* do n.º 1 do artigo 13.º, competindo à Comissão de Aplicação de Coimas em Matéria Económica e de Publicidade aplicar as coimas e demais sanções.

2 – Constitui atribuição do IMOPPI inspeccionar, fiscalizar e instruir os respectivos processos por contra-ordenação, quando se verifiquem as infracções mencionadas nas alíneas *a)* a *c)* e *e)* do n.º 1 do artigo 13.º, competindo ao seu presidente aplicar as respectivas coimas e demais sanções.

3 – Compete à câmara municipal inspeccionar, fiscalizar e instruir os respectivos processos por contra-ordenação quando se verifique a infracção mencionada na alínea *d)* do n.º 1 do artigo 13.º, competindo ao seu presidente aplicar as respectivas coimas e demais sanções.

4 – A receita das coimas reverte em 60% para o Estado e em 40% para o Instituto do Consumidor, para o IMOPPI ou, ainda, para a câmara municipal, consoante os casos, de acordo com as regras previstas nos números anteriores.

5 – A receita das coimas aplicadas pelos presidentes de câmara pela contra-ordenação prevista na alínea *d)* do n.º 1 do artigo 13.º reverte na totalidade para a respectiva câmara municipal.

ARTIGO 16.º – **Responsabilidade civil**

1 – O técnico responsável pela obra e o promotor imobiliário mencionados no artigo 4.º são solidariamente responsáveis pelos danos causados ao comprador ou a terceiros, caso o teor da declaração ou das informações constantes na ficha técnica da habitação não corresponda à verdade, sem prejuízo das normas gerais sobre responsabilidade civil aplicáveis.

2 – A responsabilidade solidária referida no número anterior cessa quando o prédio urbano para fim habitacional seja objecto de obras de construção, reconstrução, ampliação ou alteração, realizadas por iniciativa

do respectivo proprietário, em momento posterior à emissão original da competente ficha técnica da habitação, desde que, em virtude de tais obras, as características técnicas e funcionais aí descritas deixem, efectivamente, de corresponder às originais características do edificado.

CAPÍTULO V – Extensão do âmbito de aplicação

ARTIGO 17.º – Contratos de arrendamento

Nos contratos de arrendamento relativos a imóveis para habitação abrangidos pelo presente diploma, o locador, seja ou não profissional, ou a empresa de mediação imobiliária, quando legalmente habilitada para o efeito, deve, antes da celebração do contrato, facultar ao arrendatário o acesso à ficha técnica da habitação a que se refere o artigo 4.º

ARTIGO 18.º – Contratos celebrados entre consumidores

O disposto no n.º 1 do artigo 9.º aplica-se aos contratos celebrados entre consumidores, caso o prédio urbano destinado à habitação que é objecto de transmissão já possua ficha técnica da habitação.

CAPÍTULO VI – Disposições finais e transitórias

ARTIGO 19.º – Modelo da ficha técnica da habitação

O modelo da ficha técnica da habitação é aprovado por portaria conjunta dos ministros que tutelam a economia, a habitação e a defesa do consumidor, no prazo máximo de 90 dias a contar da data da entrada em vigor do presente diploma.

ARTIGO 20.º – Disposição transitória

Os profissionais abrangidos pelo presente diploma dispõem de um período máximo de 90 dias, a contar da entrada em vigor da portaria conjunta referida no artigo anterior, para se adaptarem aos requisitos a que obedecem a publicidade e a informação disponibilizadas aos consumidores no âmbito da aquisição de imóveis para habitação.

PORTARIA N.º 817/2004
DE 16 DE JULHO

Aprova o modelo da ficha técnica da habitação

O Decreto-Lei n.º 68/2004, de 25 de Março, estabelece um conjunto de mecanismos que visam reforçar os direitos dos consumidores à informação e à protecção dos seus interesses económicos no âmbito da aquisição de prédio urbano para habitação, bem como assegurar a transparência do mercado.

Entre esses mecanismos de protecção encontra-se prevista a cargo do promotor imobiliário a obrigação de elaborar e disponibilizar ao consumidor adquirente um documento descritivo das características técnicas e funcionais do prédio urbano para fim habitacional, documento esse que o citado diploma designa por ficha técnica da habitação.

O artigo 19.º do Decreto-Lei n.º 68/2004 prevê que o modelo da ficha técnica da habitação seja aprovado através de portaria conjunta dos ministros que tutelam a economia, a habitação e a defesa do consumidor.

Assim:

Nos termos do disposto no artigo 19.º do Decreto-Lei n.º 68/2004, de 25 de Março:

Manda o Governo, pelos Ministros Adjunto do Primeiro-Ministro, da Economia e das Obras Públicas, Transportes e Habitação, o seguinte:

1.º A presente portaria aprova o modelo da ficha técnica da habitação, a que se refere o Decreto-Lei n.º 68/2004, de 25 de Março, que consta do anexo à mesma e dela faz parte integrante.

2.º – 1 – A ficha técnica da habitação deve ser elaborada de acordo com o modelo aprovado.

2 – O Instituto do Consumidor, o Instituto dos Mercados de Obras Públicas e Particulares e do Imobiliário e o Laboratório Nacional de Engenharia Civil disponibilizam, nos respectivos sítios da Internet, uma versão em suporte digital do modelo da ficha técnica da habitação agora aprovado, que aí pode ser recolhida pelos interessados.

3.º – 1 – Sem prejuízo das assinaturas previstas, a ficha técnica da habitação, em todo o seu teor, não pode ser manuscrita.

2 – O tratamento e a apresentação gráfica final da ficha técnica da habitação é da responsabilidade da entidade mencionada no artigo 4.º do Decreto-Lei n.º 68/2004, de 25 de Março.

3 – O referido no número anterior não pode de alguma forma, directa ou indirectamente, tornar menos claras ou legíveis as informações obrigatórias incluídas na ficha técnica da habitação.

4.º Para os efeitos previstos no artigo 9.º do Decreto-Lei n.º 68/2004, de 25 de Março, a ficha técnica da habitação é entregue em suporte de papel ao consumidor adquirente do prédio urbano ou fracção autónoma destinada a habitação.

5.º A presente portaria entra em vigor 30 dias após a sua publicação.

FICHA TÉCNICA DA HABITAÇÃO

☐ provisória   ☐ definitiva

1. Prédio urbano / fracção autónoma

Morada _____
Código Postal _____ - _____
Inscrito na matriz predial da freguesia de _____ art.º n.º _____
Registado na Conservatória do Registo Predial de _____ n.º _____
Identificação da fracção autónoma _____ Licença de utilização n.º _____ , emitida em ____/____/____
Alvará de licença de construção n.º _____ , emitido em ____/____/____ prazo previsto para conclusão das obras _____

2. Promotor imobiliário

ou outro, nos termos do n.º 3 do artigo 3.º do D.L. 68/2004, de 25 de Março ☐

Nome _____
NIF/NIPC _____
Morada _____ Código Postal _____ - ___

3. Autor do projecto de arquitectura

Nome _____ NIF/NIPC _____ n.º _____ ☐OA
☐ _____
Morada _____ Código Postal _____ - ___

4. Autores dos projectos de especialidades

ESTRUTURAS	Nome_____ n.º_____ ☐OE ☐ANET ☐____	
DISTRIBUIÇÃO E DRENAGEM DE ÁGUAS	Nome_____ n.º_____ ☐OE ☐ANET ☐____	
DISTRIBUIÇÃO DE ENERGIA ELÉCTRICA	Nome_____ n.º_____ ☐OE ☐ANET ☐____	
DISTRIBUIÇÃO DE GÁS	Nome_____ n.º_____ ☐OE ☐ANET ☐____	
DISTRIBUIÇÃO DE RADIODIFUSÃO E TELEVISÃO	Nome_____ n.º_____ ☐OE ☐ANET ☐____	
INSTALAÇÕES TELEFÓNICAS	Nome_____ n.º_____ ☐OE ☐ANET ☐____	
ISOLAMENTO TÉRMICO (RCCTE)	Nome_____ n.º_____ ☐OE ☐ANET ☐____	
ISOLAMENTO ACÚSTICO	Nome_____ n.º_____ ☐OE ☐ANET ☐____	
_____	Nome_____ n.º_____ ☐OE ☐ANET ☐____	
_____	Nome_____ n.º_____ ☐OE ☐ANET ☐____	
_____	Nome_____ n.º_____ ☐OE ☐ANET ☐____	

Manual Jurídico da Habitação

5. Construtor ou
administração directa ☐

Nome _____ NIF/NIPC _____
Alvará n.º _____
Morada _____ Código Postal _____ - ___

6. Técnico responsável da obra

Nome _____ NIF/NIPC _____
_____ n.º _____
Morada _____ Código Postal _____ - ___

Secção I – LOTEAMENTO

7. Descrição geral

N.º total de lotes [ ]   N.º total de edifícios [ ]   N.º de lugares de estacionamento público [ ]   N.º total de fogos [ ]

N.º de edifícios por tipo de utilização:

Qt.	Tipo de utilização	Qt.	Tipo de utilização
	Edifícios exclusivamente de habitação		
	Edifícios mistos de habitação/comércio		
	Edifícios mistos de habitação/escritórios		

Equipamentos colectivos no loteamento, existentes ou previstos (E/P):

Qt.	Equipamento	E/P	Responsável pela promoção	Responsável pela gestão/manutenção
	Jardim público			
	Parque infantil			
	Piscina			
	Campo de jogos			

8. Planta de síntese do loteamento, cf. Portaria n.º 1110/2001, de 19 de Setembro
....ANEXO n.º ____

II – Legislação 77

Secção II - EDIFÍCIO / PRÉDIO URBANO

9. Descrição geral do edifício

N.º do lote _____ Área de implantação do edifício _____ m2

Utilização dominante do edifício: ☐ Habitação multifamiliar ☐ Habitação unifamiliar ☐ Outra _____

N.º total de pisos [ ] N.º de pisos acima do solo _____ N.º de pisos abaixo do solo _____ N.º total de ascensores _____

N.º total de fogos [ ] Nº de fogos por tipologia: T0 _____ T1 _____ T2 _____ T3 _____ T4 _____ ≥T5 _____

Outros tipos de utilização e respectivas localizações:

Tipo de utilização	Piso(s)	Tipo de utilização	Piso(s)
Estacionamento			
Comércio			

Serviços acessórios:

Descrição	Área útil (m^2)	Piso	Descrição	Área útil (m^2)	Piso
Casa do porteiro					
Sala de condóminos					
Arrumos gerais do condomínio					

N.º de lugares de estacionamento reservado aos moradores:
Colectivo em garagem _____ Colectivo à superfície _____ Garagens privadas _____ Outro _____, qual? _____

Condições de acesso a pessoas com mobilidade condicionada:

Altura máxima dos ressaltos existentes no percurso entre a rua de acesso e a entrada no edifício _____ cm

Características da(s) rampa(s) de acesso:
  Inclinação máxima ___ % Largura mínima _____ cm Guardas(S/N) _____ Comprimento máx. entre patamares de descanso _____ m

Entrada no edifício e percurso até à entrada no fogo:
  Altura máxima do painel de campainhas _____ cm Largura mínima da porta de entrada _____ cm
  Largura mínima das portas entre espaços comuns (incluindo portas corta-fogo) _____ cm
  Altura dos botões de chamada do ascensor _____ cm Dimensão interior do ascensor _____ x _____ cm e largura mínima da porta _____ cm
  Meios mecânicos alternativos à subida de escadas ou degraus: _____

Outras instalações/equipamentos de apoio à mobilidade (ex.: avisadores sonoros, etc.): _____

–

10. Fundações e estruturas

Tipos de fundações: ☐ Sapatas ☐ Estacas ☐ Outro _____

Breve descrição da solução:

Tipos de estruturas: ☐ Betão armado ☐ Metálica ☐ Mistas aço/betão ☐ Madeira ☐ Alvenaria ☐ Outro

Breve descrição da solução:

11. Coberturas

Tipos de coberturas: ☐ Terraço ☐ Inclinada ☐ Outro _____

Breve descrição de todos os elementos constituintes, incluindo estrutura, revestimentos, isolamento térmico e respectiva espessura:

Breve descrição do sistema de drenagem de águas pluviais:

12. Paredes envolventes

Paredes exteriores e paredes encostadas ou comuns (meeiras) com outros edifícios, agrupadas por características construtivas semelhantes:

☐ Fachada(s) ☐ Empena(s) exterior(es)   Orientação(ões): ☐ N ☐ NE ☐ E ☐ SE ☐ S ☐ SW
☐ W ☐ NW

Espessura total ___ cm   ☐ Pano simples ☐ Pano duplo ☐ Outro _____

Breve descrição de todos os elementos constituintes, incluindo localização e espessura do isolamento térmico:

☐ Fachada(s) ☐ Empena(s) exterior(es)   Orientação(ões): ☐ N ☐ NE ☐ E ☐ SE ☐ S ☐ SW
☐ W ☐ NW

Espessura total ___ cm   ☐ Pano simples ☐ Pano duplo
☐ Outro _____
Breve descrição de todos os elementos constituintes, incluindo localização e espessura do isolamento térmico:

☐ Parede(s) encostada(s) ☐ Parede(s) meeira(s)

Espessura total ___ cm   ☐ Pano simples ☐ Pano duplo ☐ Outro

Breve descrição de todos os elementos constituintes, incluindo localização e espessura do isolamento térmico:

13. Revestimentos de espaços comuns

Espaço	Piso	Paredes	Tecto
Átrio de entrada			
Espaços de distribuição (ex.: corredores, galerias, etc.)			
Escadas de distribuição			

14. Segurança contra intrusão

Breve descrição dos dispositivos de segurança contra intrusão, incluindo controlo de acessos e sistemas de alarme:

15. Segurança contra incêndio

Meios de detecção e alarme: ☐ Automáticos
Locais:_____
                            ☐ Dispositivos de accionamento manual
Locais:_____

Meios de extinção: ☐ Extintores ☐ Redes de incêndio armadas ☐ Colunas secas ☐ Colunas húmidas ☐ Sprinklers

☐ _____

Outros equipamentos/dispositivos: ☐ Controlo de fumos ☐ Iluminação de emergência ☐ Bloqueio automático de ascensores

☐ Sinalização dos caminhos de evacuação ☐ Portas corta-fogo ☐ Elevador p/ uso prioritário dos bombeiros

☐ _____

16. Gestão energética e ambiental

Controlo térmico de espaços comuns: ☐ Aquecimento ☐ Ar condicionado ☐ Sistemas passivos

☐ Outros_____

Ventilação de espaços comuns: ☐ Natural ☐ Mecânica, nos seguintes espaços:
_____

Iluminação em espaços comuns: ☐ Natural ☐ Artificial, com accionamento ☐ Semi-automático (c/ temporizador)

☐ Automático (c/ sensores)

Evacuação de lixos: ☐ Recolha selectiva ☐ Conduta(s) de recolha ☐ Contentor(es) ☐ Compartimento/depósito de contentores

Ductos: ☐ Água ☐ Águas residuais ☐ Gás ☐ Electricidade ☐ _____

☐ _____

Outros: ☐ Colectores solares p/ aquecimento de água ☐ _____

☐ _____

17. Equipamentos ruidosos

Qt.	Equipamentos ruidosos	Potência sonora	Localização, referindo se estão em espaços contíguos a espaços habitáveis
	Grupo hidropressor	Lw=____dB(A)	
	Gerador	Lw=____dB(A)	
	Máquinas dos ascensores	Lw=____dB(A)	
	Automatismos de portas de garagens	Lw=____dB(A)	
	Sistema centralizado de ventilação	Lw=____dB(A)	
	Sistema de ar condicionado	Lw=____dB(A)	
	Posto transformação de corr. eléctrica	Lw=____dB(A)	
	Outro_____	Lw=____dB(A	

Breve descrição das soluções de isolamento acústico e de isolamento face à transmissão de vibrações:

18. Comunicação e entretenimento

Breve descrição do sistema de distribuição de sinal audio:

Breve descrição do sistema de distribuição de sinal video:

Breve descrição do sistema de comunicação de dados:

19. Outra informação

Instruções sobre uso e manutenção do edifício, equipamentos de uso comum e serviços contratados de manutenção:

Descrição	ANEXO n.º

☐ Regras de funcionamento do condomínio, ANEXO n.º____

20. Materiais, equipamentos e fabricantes

Materiais de construção, com destaque para os de revestimento de fachadas e de espaços comuns:		
Material	Local de aplicação	Fabricante

Equipamentos de uso comum instalados no edifício (ex.: ascensores, ventiladores/extractores, detectores de fumos e gases, etc.):			
Equipamento	Localização	Fabricante	Garantia (anos)

Identificação dos fabricantes referidos nos quadros anteriores, com indicação de moradas e contactos:	
Fabricante	Morada e contacto

21. Planta de implantação do edifício, cf. Portaria n.º 1110/2001, de 19 de Setembro
:...ANEXO n.º ____

22. Planta simplificada do piso de entrada, com indicação da orientação do edifício, e com a localização das portas exteriores, circulações horizontais, escadas e ascensores
....ANEXO n.º ____

Secção III - HABITAÇÃO / FRACÇÃO AUTÓNOMA

23. Descrição geral da habitação

Orientação(ões) da(s) fachada(s): ☐N ☐NE ☐E ☐SE ☐S ☐SW ☐W ☐NW   Área bruta da habitação _____ m^2

Tipologia do fogo: ☐T0 ☐T1 ☐T2 ☐T3 ☐T4 ☐≥T5____ N.º de pisos____ Área bruta do fogo _____m^2 Área útil do fogo _____m^2

Área útil dos compartimentos/espaços do fogo:

Qt.	Compartimento/espaço	Área útil (m^2)	Qt.	Compartimento/espaço	Área útil (m^2)

Dependências do fogo (ex.: lugares em garagem, arrecadações, varandas, quintais, etc.):

Qt.	Dependência	Localização	Área útil (m^2)

24. Paredes

Paredes	Espessura total (cm)	Breve descrição de todos os elementos constituintes, incluindo localização e espessura do isolamento térmico
Paredes interiores de separação de compartimentos		
Paredes confinantes com outros fogos		
Paredes entre o fogo e os espaços comuns do edifício		
Paredes entre o fogo e a(s) caixa(s) do(s) elevador(es)		
Paredes entre o fogo e locais de comércio ou serviços		

25. Pavimentos e escadas

Pavimentos e escadas	Espessura total (cm)	Breve descrição de todos os elementos constituintes, incluindo localização e espessura de eventual isolamento térmico
Pavimentos entre fogos		
Pavimentos entre o fogo e locais de comércio ou serviços		
Pavimentos entre o fogo e garagem		
Esteira (separação entre o fogo e cobertura)		
Pavimentos intermédios do fogo (ex.: fogo em duplex, etc.)		
Escadas no interior do fogo		

26. Revestimentos

Descrição dos revestimentos por tipos de compartimentos/espaços do fogo:

Compartimento/espaço	Piso	Paredes	Tectos

27. Portas

Portas	Largura livre (cm)	Breve descrição da sua constituição
Porta principal de acesso ao fogo		
Porta(s) de acesso a espaços exteriores privados		
Porta(s) interior(es) local_____		
Porta(s) interior(es) local_____		
Porta(s) interior(es) local_____		

28. Janelas e sistemas de protecção dos vãos

Descrição das janelas, agrupadas por características semelhantes, referindo características especiais (tais como corte térmico na caixilharia, no preenchimento, ou em ambos, utilização de vidro acústico, etc.) e características certificadas, e indicando os compartimentos onde estão colocadas.

☐ janela(s) simples ☐ janela(s) dupla ☐ de abrir ☐ de correr ☐ fixa ☐ basculante ☐ de guilhotina ☐ oscilo-batente ☐ pivotante

Qt.	Dimensões (lxh em cm)	Material da caixilharia	Envidraçado (simples/duplo)	Características especiais	Características certificadas	Compartimentos
	__x__					
	__x__					

Sistema de protecção dos vãos:

☐ janela(s) simples ☐ janela(s) dupla ☐ de abrir ☐ de correr ☐ fixa ☐ basculante ☐ de guilhotina ☐ oscilo-batente ☐ pivotante

Qt.	Dimensões (lxh em cm)	Material da caixilharia	Envidraçado (simples/duplo)	Características especiais	Características certificadas	Compartimentos
	__x__					
	__x__					

Sistema de protecção dos vãos:

☐ janela(s) simples ☐ janela(s) dupla ☐ de abrir ☐ de correr ☐ fixa ☐ basculante ☐ de guilhotina ☐ oscilo-batente ☐ pivotante

Qt.	Dimensões (lxh em cm)	Material da caixilharia	Envidraçado (simples/duplo)	Características especiais	Características certificadas	Compartimentos
	__x__					
	__x__					

Sistema de protecção dos vãos:

29. Ventilação e evacuação de fumos e gases

Breve descrição do sistema de ventilação e evacuação de fumos e gases no interior do fogo:

30. Instruções e garantia

Instruções sobre o uso e a manutenção da habitação e dos equipamentos nela incorporados:

Descrição	ANEXO n.º

Garantia da habitação:

Prazo	Descrição do modo de accionamento em caso de defeitos:
(anos)	

31. Materiais, equipamentos e fabricantes

Materiais de construção, com destaque para os de revestimento de piso e de paredes:

Material	compartimento(s)/espaço(s)	Fabricante

Equipamento e mobiliário incorporado na habitação, nomeadamente de cozinha e de casa de banho, aparelhos de ar condicionado, roupeiros, etc.:

Equipamento/mobiliário	compartimento(s)/espaço(s)	Fabricante	Garantia (anos)

Identificação dos fabricantes referidos no quadro anterior, com indicação de moradas e contactos:

Fabricante	Morada e contacto

32. Planta simplificada do piso de acesso ao fogo, com destaque para a localização do fogo e espaços comuns, e com indicação da localização de extintores portáteis e das saídas de emergência em caso de incêndio. Escala mínima 1:200
..........ANEXO n.º ____

33. Planta(s) simplificada(s) da habitação, com identificação de todos os compartimentos e a localização dos equipamentos, fixos ou móveis, incorporados na habitação. Escala mínima 1:100
....ANEXO n.º ____

34. Planta simplificada da rede de distribuição de água do fogo, com o posicionamento dos ramais e prumadas em relação a pavimentos e paredes e indicação do material das tubagens e respectivo isolamento térmico. Escala mínima 1:100
......ANEXO n.º ____

35. Planta simplificada da rede de drenagem de águas residuais do fogo, com o posicionamento dos ramais e prumadas em relação a pavimentos e paredes e indicação do material das tubagens. Escala mínima 1:100
............................ANEXO n.º ____

36. Planta simplificada da rede de distribuição de energia eléctrica do fogo, incluindo identificação do material de enfiamento dos cabos. Escala mínima 1:100
....ANEXO n.º ____

37. Planta simplificada da distribuição de gás no fogo, com indicação do material das tubagens e do tipo de gás a utilizar. Escala mínima 1:100
....ANEXO n.º ____

38. Planta simplificada do sistema de climatização e aquecimento, incluindo a localização dos equipamentos. Escala mínima 1:100
....ANEXO n.º ____

39. Planta(s) simplificada(s) da(s) rede(s) de comunicação, incluindo comunicação telefónica, comunicação de dados e comunicação de sinal audio e video. Escala mínima 1:100
....ANEXO n.º ____

OS RESPONSÁVEIS PELA INFORMAÇÃO (*)

_____

(assinatura do promotor imobiliário)

_____

(assinatura do técnico responsável da obra)

(*) No caso da versão provisória da Ficha, as assinaturas dos responsáveis pela informação constam da página seguinte.

Assinaturas dos autores dos projectos

ARQUITECTURA

ESTRUTURAS

DISTRIBUIÇÃO E DRENAGEM
DE ÁGUAS

DISTRIBUIÇÃO DE ENERGIA
ELÉCTRICA

DISTRIBUIÇÃO DE GÁS

DISTRIBUIÇÃO DE RADIODIFUSÃO
E TELEVISÃO

INSTALAÇÕES TELEFÓNICAS

ISOLAMENTO TÉRMICO (RCCTE)

ISOLAMENTO ACÚSTICO

OBSERVAÇÕES

O presente modelo de Ficha Técnica da Habitação (FTH) respeita o articulado de D.L. n.º 68/2004, de 25 de Março, e serve os propósitos definidos no seu artigo 4.º, devendo ser utilizado nos casos em que as obras ainda não estão concluídas e se pretende fazer divulgação (cf. números 4 e 5 do mesmo artigo), sendo então denominada versão provisória, e/ou após a conclusão das obras (cf. números 2 e 3 do referido artigo), sendo então considerada versão definitiva. A utilização da FTH nestes diferentes momentos deve ser assinalada na primeira folha da Ficha, utilizando os itens previstos para o efeito. A versão provisória da Ficha não obriga à inclusão da informação assinalada com sombreado (cf. número 2 do artigo 11.º do D.L. n.º 68/2004).

A Ficha está estruturada em cinco partes distintas, mas complementares: uma folha inicial, com a identificação do prédio urbano/fracção autónoma objecto de venda e dos respectivos profissionais envolvidos; a Secção I, contendo informação referente ao loteamento; a Secção II, contendo informação referente ao edifício/prédio urbano; e a Secção III, contendo informação referente à habitação//fracção autónoma. Nas situações em que alguma das secções ou algum dos seus pontos não se aplique, o respectivo conteúdo deverá ser anulado com um traço na diagonal (exemplo: no caso de a habitação objecto de venda não fazer parte de uma promoção baseada num loteamento, anular toda a Secção I com um traço na diagonal).

Definições aplicáveis (cf. artigo 3.° do D.L. n.° 68/2004):

Habitação – unidade na qual se processa a vida de um agregado residente no edifício, a qual compreende o fogo e as suas dependências;

Fogo – conjunto de espaços e compartimentos privados nucleares de cada habitação – tais como salas, quartos, cozinha, instalações sanitárias, arrumos, despensa, arrecadações em cave ou em sótão (nos edifícios unifamiliares), corredores, vestíbulos –, conjunto esse confinado por uma envolvente que separa o fogo do ambiente exterior e do resto do edifício;

Dependências do fogo – espaços privados periféricos desse fogo – tais como varandas, balcões, terraços, arrecadações em cave ou em sótão (nos edifícios multifamiliares) ou em corpos anexos e os logradouros pavimentados, telheiros e alpendres (nos edifícios unifamiliares), espaços esses exteriores à envolvente que confina o fogo;

Espaços comuns – os espaços destinados a serviços comuns (átrios, comunicações horizontais e verticais, pisos vazados, logradouros e estacionamentos em cave nos edifícios multifamiliares) e espaços destinados a serviços técnicos;

Compartimento – espaço privado, ou conjunto de espaços privados directamente interligados, delimitado por paredes e com acesso através de vão ou vãos guarnecidos com portas ou com disposições construtivas equivalentes;

Planta simplificada – planta rigorosa e à escala, limpa de informação dispensável à perfeita compreensão do objecto de representação, por forma a melhor comunicar com o consumidor comum;

Serviços acessórios - os serviços de apoio residencial disponibilizados no acto da compra ou de arrendamento da habitação, tais como portaria e vigilância, salas equipadas para actividades especializadas e zonas exteriores ajardinadas e ou equipadas, designadamente, com mobiliário urbano ou instalações de lazer e recreio.

Área bruta da habitação, área bruta do fogo, área útil de um compartimento e área útil do fogo – aplicam-se as definições constantes do Regulamento Geral das Edificações Urbanas, aprovado pelo Decreto-Lei n.° 38 382, de 7 de Agosto de 1951, com as posteriores alterações.

LEI N.º 8/2004
DE 10 DE MARÇO

Autoriza o Governo a regular o exercício das actividades de mediação imobiliária e angariação imobiliária

A Assembleia da República decreta, nos termos da alínea *d*) do artigo 161.º da Constituição, o seguinte:

ARTIGO 1.º – **Objecto**

É concedida ao Governo autorização legislativa para regular o exercício das actividades de mediação imobiliária e angariação imobiliária.

ARTIGO 2.º – **Sentido**

O sentido da legislação a aprovar ao abrigo da presente autorização legislativa compreende a redefinição do quadro jurídico do exercício da actividade de mediação imobiliária e o novo enquadramento do exercício da actividade de angariação imobiliária, bem como a prevenção e o combate ao incumprimento das disposições reguladoras dessas actividades, quer através da definição de um regime de ilícitos penais e de mera ordenação social apropriado quer através do reforço dos mecanismos de fiscalização e de inspecção do Instituto dos Mercados de Obras Públicas e Particulares e do Imobiliário (IMOPPI).

ARTIGO 3.º – **Extensão**

Na concretização do disposto no artigo anterior, fica o Governo autorizado a:

a) Identificar a actividade de mediação imobiliária como a decorrente de obrigação contratual de acordo com a qual uma empresa, revestindo necessariamente a forma de sociedade comercial ou resultando de qualquer forma de agrupamento de sociedades, se compromete a diligenciar no sentido de conseguir interessado na realização de negócio que vise a constituição ou aquisição de direitos reais sobre bens imóveis, a permuta, o trespasse ou o arrendamento dos mesmos ou a cessão de posição em contratos cujo objecto seja um bem imóvel;

b) Identificar a actividade de mediação imobiliária como a única susceptível de ser incluída no objecto social das empresas de mediação imobiliária, exceptuados os casos da administração de imóveis e de actividades de informação ou aconselhamento complementares da mediação;

c) Definir a actividade de angariação imobiliária como aquela em que, por contrato de prestação de serviços, uma pessoa singular, obrigatoriamente inscrita no Registo Comercial enquanto empresário em nome individual, se obriga ao desempenho de actividades tendentes à prospecção e recolha de informações que visem encontrar o bem imóvel pretendido pelo cliente, à promoção dos bens imóveis sobre os quais o cliente pretenda realizar negócio jurídico e à obtenção de documentação, de informações e de aconselhamento, bem como à tramitação dos actos necessários à concretização dos negócios, objecto do contrato de mediação imobiliária que não estejam legalmente atribuídos, em exclusivo, a outras profissões;

d) Sujeitar o exercício da actividade de mediação imobiliária a licenciamento do IMOPPI, à detenção de estabelecimento devidamente identificado, ao preenchimento de requisitos de regularidade fiscal, capacidade profissional e idoneidade comercial, bem como à detenção de capital próprio positivo e à celebração de contrato de seguro de responsabilidade civil;

e) Sujeitar o exercício da actividade de angariação imobiliária a inscrição no IMOPPI, à titularidade de habilitações literárias e profissionais específicas, bem como à regularidade da situação fiscal do angariador e ao preenchimento de requisitos de idoneidade comercial;

f) Fixar os montantes das coimas correspondentes aos ilícitos de mera ordenação social, por violação das disposições legais relativas ao regime jurídico das actividades de mediação imobiliária e angariação imobiliária, entre o mínimo de € 250 e o máximo de € 30 000, no caso de o infractor ser pessoa singular;

g) Responsabilizar solidariamente as pessoas colectivas e os demais agrupamentos de sociedades pelas contra-ordenações emergentes de factos que tiverem sido praticados pelos membros dos respectivos órgãos ou pelos titulares de cargos de direcção, administração ou gerência, no exercício das suas funções, bem como pelos seus mandatários, trabalhadores ou prestadores de serviços agindo no exercício das funções que lhes foram cometidas;

h) Responsabilizar solidariamente os empresários em nome individual pelas contra-ordenações emergentes de factos praticados pelos seus mandatários, trabalhadores ou prestadores de serviços agindo no exercício das funções que lhes foram cometidas;

i) Prever a existência de um procedimento de advertência, para sanação de irregularidades previstas como contra-ordenações, quando a infracção, praticada no âmbito do exercício da actividade de mediação imobiliária, for punível com coima até € 5 000 ou, caso tenha sido praticada no âmbito da actividade de angariação imobiliária, for punível com coima até € 2 500;

j) Conferir fé pública aos factos constantes de auto de notícia levantado pelo IMOPPI, no exercício das suas competências de inspecção e fiscalização;

l) Prever a notificação mediante via postal simples, nos casos em que a notificação, efectuada através de carta registada expedida para a sede, domicílio ou estabelecimento do notificando for devolvida à entidade remetente;

m) Prever que a notificação mediante carta registada se considere efectuada no 3.º dia útil posterior ao do envio, devendo a cominação aplicável constar do acto de notificação;

n) Prever que, no caso de notificação mediante via postal simples, seja lavrada uma cota no processo com a indicação da data de expedição da carta e da morada para a qual foi enviada, considerando-se a notificação efectuada no 5.º dia posterior à data indicada, cominação que deve constar do acto de notificação;

o) Prever a possibilidade de aplicação de medidas cautelares de encerramento preventivo de estabelecimento e de suspensão da apreciação de pedido de licenciamento, inscrição ou revalidação, formulado pelo infractor junto do IMOPPI, quando existam fortes indícios da prática de contra-ordenação punível com coima igual ou superior a € 15 000 ou se se verificar a existência de perigo de destruição de meios de prova necessários à instrução do processo de contra-ordenação ou de continuação da prática da infracção;

p) Atribuir competência para conhecer da impugnação judicial das medidas cautelares determinadas pelo IMOPPI ao tribunal competente para decidir do recurso da decisão proferida em processo de contra-ordenação;

q) Estabelecer, para os administradores, gerentes ou directores das pessoas colectivas, ainda que irregularmente constituídas, e das associações sem personalidade jurídica, um regime de responsabilidade solidária pelo pagamento das coimas e das custas em que aquelas forem condenadas, ainda que, à data da condenação, hajam sido dissolvidas ou entrado em liquidação, excepto quando comprovem ter-se oposto à prática da contra-ordenação;

r) Regular a competência do IMOPPI para aplicação das sanções e medidas cautelares;

s) Estabelecer a possibilidade de ser determinada a publicidade da aplicação da medida cautelar de encerramento preventivo de estabelecimento ou da sanção acessória de encerramento de estabelecimento, através da afixação de edital no estabelecimento objecto de encerramento, pelo período de duração da mesma;

t) Estabelecer que as coimas aplicadas em processo de contra-ordenação são cobradas coercivamente em processo de execução fiscal;

u) Regular a competência do IMOPPI para execução das sanções acessórias e das medidas cautelares e prever a possibilidade de confiar a execução das mesmas às autoridades policiais;

v) Prever, como integrante do crime de falsas declarações, previsto e punido no Código Penal, a recusa de prestação, a omissão ou o falseamento, em escritura pública e perante notário ou funcionário nomeado para sua substituição, de informações relativas à intervenção de mediador imobiliário em negócio sobre bem imóvel ou à sua identificação, depois de ter sido advertido das consequências penais a que se sujeita;

x) Prever que o não cumprimento da medida cautelar de encerramento preventivo de estabelecimento ou da sanção acessória de encerramento de estabelecimento, regularmente determinadas e comunicadas pelo IMOPPI, integra o crime de desobediência, previsto no artigo 348.º do Código Penal;

z) Prever que a prestação de falsas declarações ou falsas informações, no âmbito dos procedimentos administrativos previstos no diploma, por empresário em nome individual, administrador, gerente ou director de sociedade comercial, integram o crime de falsificação de documento, previsto no artigo 256.º do Código Penal;

aa) Prever que a abertura, rompimento ou inutilização, total ou parcial, de marcas ou selos apostos em estabelecimento, para os efeitos previstos na alínea r), integra o crime de quebra de marcas e de selos, previsto no artigo 356.º do Código Penal;

bb) Prever que o arrancamento, destruição, alteração, danificação ou qualquer outra forma de actuação que impeça o conhecimento de edital afixado para os efeitos previstos na alínea *s)* integra o crime de arrancamento, destruição ou alteração de editais, previsto no artigo 357.º do Código Penal.

ARTIGO 4.º – **Duração**

A autorização concedida pela presente lei caduca no prazo de 180 dias, contados da sua entrada em vigor.

DECRETO-LEI N.º 211/2004
DE 20 DE AGOSTO

No uso da autorização legislativa concedida pela Lei n.º 8/2004, de 10 de Março, regula o exercício das actividades de mediação imobiliária e de angariação imobiliária

A regulação do exercício da actividade de mediação imobiliária teve o seu início com o Decreto-Lei n.º 285/92, de 19 de Dezembro, estabelecendo-se, para acesso e permanência na actividade, o preenchimento de um conjunto de requisitos, tendo como principais objectivos assegurar a transparência da actuação dos mediadores imobiliários e garantir a qualidade dos serviços prestados.

A este diploma seguiu-se o Decreto-Lei n.º 77/99, de 16 de Março, constituindo ambos um apreciável esforço na regulação desta actividade, que conheceu, ao longo destes mais de 10 anos, em consequência das grandes transformações do mercado imobiliário, um grande desenvolvimento.

Devemos reconhecer, no entanto, que, quer em consequência da morosidade com que foi implementada a regulamentação deste último diploma, quer em consequência das opções legislativas seguidas, não foi possível atingir o nível de profissionalização que todos os agentes do sector e consumidores vêm reclamando.

Por outro lado, a falta de uma fiscalização efectiva em nada ajudou ao combate ao exercício clandestino da actividade, nem a um satisfatório cumprimento dos requisitos de permanência na actividade.

Recolhida a experiência destes anos, tendo por base quer os contributos dos proprietários dos imóveis, quer dos consumidores, impõe-se reorientar estes profissionais para o exercício exclusivo da actividade de mediação imobiliária, de modo a centrarem toda a sua organização e o seu trabalho nesta actividade, cuja regulação por parte do Estado se continua a justificar.

Em reforço da exigência de capacidade profissional para acesso e permanência nesta actividade, estabelece-se a necessidade de uma formação contínua para os administradores, gerentes ou directores. Admite-se, no entanto, que a capacidade profissional possa ser conferida também por técnico que esteja ligado à empresa de mediação imobiliária por contrato de trabalho, em regime de completa ocupação.

Embora se continue a permitir a celebração de contratos de mediação entre os proprietários dos imóveis e as empresas de mediação, reforça-se, de forma mais expressa, a celebração de contratos de mediação imobiliária com os consumidores finais, de modo que se alcance, em regime de total liberdade de escolha e de negociação e com base num aconselhamento orientado, um melhor esclarecimento e uma melhor satisfação do adquirente/arrendatário do imóvel.

Por se entender que a exigência de prestação de caução não dignifica, por si, a actividade de mediação imobiliária, optou-se pelo reforço do regime sancionatório, o qual, conjugado com o já consagrado seguro de responsabilidade civil e com uma actuação consistente dos serviços de inspecção, permitirá proceder à abolição deste requisito. Consequentemente, extingue-se o fundamento da previsão de uma comissão arbitral para dirimir as situações previstas no diploma agora revogado.

Procurando definir a situação de alguns agentes que, não sendo mediadores, praticam actos próprios daquela actividade, regulamenta-se agora a actividade de angariação imobiliária, a qual poderá ser exercida por empresário em nome individual, uma vez cumpridos determinados requisitos, ainda que de menor exigência relativamente aos previstos para a actividade de mediação imobiliária. Tal actividade consiste na prestação de serviços a uma ou mais empresas de mediação, desde que integrados no âmbito da preparação e do cumprimento de contratos de mediação imobiliária por estas celebrados, estando-lhes, no entanto, vedada a celebração daqueles contratos.

No sentido de prevenir e tornar eficaz o combate ao incumprimento do disposto no regime jurídico destas actividades, reforçam-se os mecanismos de fiscalização e de inspecção do Instituto dos Mercados de Obras Públicas e Particulares e do Imobiliário (IMOPPI). Por um lado, alarga-se o leque de competências do Instituto, designadamente no âmbito da execução das sanções aplicadas em processo de contra-ordenação e inscrevem-se, em sede de instrução do processo, algumas medidas que visam a eficácia e celeridade processuais, como sejam a alteração das regras de notificação ou a possibilidade de aplicação de medidas cautelares. Por outro lado, elevam-se os valores das coimas, no que respeita à punição de pessoas singulares, equiparando-as às pessoas colectivas.

Procurando criar maior envolvimento e responsabilização dos intervenientes neste mercado, insere-se a obrigação dos outorgantes de negócio jurídico sobre bens imobiliários declararem e identificarem, no momento da escritura pública e na presença de notário, a intervenção de mediador na realização e formalização do negócio.

Foram ouvidos as associações representativas do sector, o Instituto de Reinserção Social, a Comissão Nacional de Protecção de Dados, o Instituto dos Mercados de Obras Públicas e Particulares e do Imobiliário e o Instituto do Consumidor.

Assim:

No uso da autorização legislativa concedida pela Lei n.º 8/2004, de 10 de Março, e nos termos da alínea b) do n.º 1 do artigo 198.º da Constituição, o Governo decreta o seguinte:

CAPÍTULO I – **Disposições gerais**

ARTIGO 1.º – **Âmbito**

1 – O exercício das actividades de mediação imobiliária e de angariação imobiliária fica sujeito ao regime estabelecido no presente diploma.

2 – O exercício das actividades de mediação imobiliária e angariação imobiliária por entidades com sede ou domicílio efectivo noutro Estado da União Europeia está igualmente sujeito ao presente diploma, sempre que a actividade incida sobre imóveis situados em Portugal.

ARTIGO 2.º – **Objecto da actividade de mediação imobiliária**

1 – A actividade de mediação imobiliária é aquela em que, por contrato, uma empresa se obriga a diligenciar no sentido de conseguir interessado na realização de negócio que vise a constituição ou aquisição de direitos reais sobre bens imóveis, a permuta, o trespasse ou o arrendamento dos mesmos ou a cessão de posição em contratos cujo objecto seja um bem imóvel.

2 – A actividade de mediação imobiliária consubstancia-se no desenvolvimento de:

a) Acções de prospecção e recolha de informações que visem encontrar o bem imóvel pretendido pelo cliente;

b) Acções de promoção dos bens imóveis sobre os quais o cliente pretenda realizar negócio jurídico, designadamente através da sua divulgação, publicitação ou da realização de leilões.

3 – As empresas podem ainda prestar serviços de obtenção de documentação e de informação necessários à concretização dos negócios objecto do contrato de mediação imobiliária, que não estejam legalmente atribuídos, em exclusivo, a outras profissões.

4 – Para efeitos do disposto no presente artigo, considera-se:

a) «Interessado» o terceiro angariado pela empresa de mediação, desde que esse terceiro venha a concretizar o negócio visado pelo contrato de mediação;

b) «Cliente» a pessoa singular ou colectiva que celebra o contrato de mediação imobiliária com a empresa.

5 – No âmbito da preparação e do cumprimento dos contratos de mediação imobiliária celebrados, as empresas de mediação imobiliária podem ser coadjuvadas por angariadores imobiliários.

6 – É expressamente vedado às empresas de mediação celebrar contratos de prestação de serviços com angariadores imobiliários não inscritos no Instituto dos Mercados de Obras Públicas e Particulares e do Imobiliário, doravante designado por IMOPPI.

ARTIGO 3.º – **Empresa de mediação imobiliária**

1 – Considera-se empresa de mediação imobiliária aquela que tenha por actividade principal a definida no artigo 2.º

2 – Sem prejuízo do disposto em legislação especial, as empresas de mediação imobiliária podem ainda exercer, como actividade secundária, a administração de imóveis por conta de outrem.

3 – Sem prejuízo do disposto no n.º 2, é expressamente vedado às empresas de mediação imobiliária o exercício de outras actividades comerciais.

ARTIGO 4.º – **Angariação imobiliária**

1 – A actividade de angariação imobiliária é aquela em que, por contrato de prestação de serviços, uma pessoa singular se obriga a desenvolver

as acções e a prestar os serviços previstos, respectivamente, nos n.ºˢ 2 e 3 do artigo 2.º, necessários à preparação e ao cumprimento dos contratos de mediação imobiliária, celebrados pelas empresas de mediação imobiliária.

2 – É expressamente vedado aos angariadores imobiliários o exercício de outras actividades comerciais ou profissionais.

3 – O contrato mencionado no n.º 1 pode estabelecer que o angariador, numa área geográfica determinada, preste serviços, em exclusivo, para uma empresa de mediação imobiliária.

4 – O contrato mencionado no n.º 1 está sujeito à forma escrita.

CAPÍTULO II – Actividade de mediação imobiliária

SECÇÃO I – Licenciamento

ARTIGO 5.º – **Licença**

1 – O exercício da actividade de mediação imobiliária depende de licença a conceder pelo IMOPPI.

2 – O IMOPPI emitirá cartões de identificação aos administradores, gerentes ou directores das empresas licenciadas, que os deverão exibir em todos os actos em que intervenham.

3 – As licenças concedidas e os cartões de identificação são válidos por três anos e revalidados por idênticos períodos.

ARTIGO 6.º – **Requisitos de ingresso e manutenção na actividade**

1 – A concessão e manutenção da licença dependem do preenchimento cumulativo, pelos requerentes, dos seguintes requisitos:

a) Revestir a forma de sociedade comercial ou outra forma de agrupamento de sociedades, com sede efectiva num Estado membro da União Europeia, que tenha a denominação de acordo com o estipulado no n.º 1 do artigo 8.º;

b) Ter por objecto e actividade principal o exercício da actividade de mediação imobiliária, com exclusão de quaisquer outras actividades para além da prevista no n.º 2 do artigo 3.º;

c) Apresentar a respectiva situação regularizada perante a administração fiscal e a segurança social;

d) Possuir capacidade profissional, nos termos do disposto no artigo 7.º;

e) Possuir seguro de responsabilidade civil, nos termos do disposto no artigo 23.º;

f) Deter capital próprio positivo, nos termos do disposto no n.º 2;

g) Possuírem, a sociedade requerente bem como os respectivos administradores, gerentes ou directores, idoneidade comercial.

2 – O capital próprio é determinado nos termos estabelecidos pelo Plano Oficial de Contabilidade (POC).

3 – Para efeitos do disposto na alínea *g*) do n.º 1, não são consideradas comercialmente idóneas as pessoas relativamente às quais se verifique uma das seguintes situações:

a) Proibição legal do exercício do comércio;

b) Inibição do exercício do comércio, declarada em processo de falência ou insolvência, enquanto não for levantada a inibição e decretada a reabilitação.

4 – Para efeitos do disposto na alínea *g*) do n.º 1, considera-se indiciada a falta de idoneidade comercial sempre que se verifique, entre outras, qualquer das seguintes situações:

a) Declaração de falência ou insolvência;

b) Terem sido punidas, pelo menos três vezes, com coima pela prática dolosa dos ilícitos de mera ordenação social consubstanciados na violação do disposto nas alíneas *c*) e *e*) do n.º 1 do artigo 32.º;

c) Terem sido punidas, pelo menos duas vezes, com coima pela prática dolosa dos ilícitos de mera ordenação social consubstanciados na violação do disposto no n.º 2 do artigo 4.º, nas alíneas *a*), *b*), *f*) e *g*) do n.º 1 do artigo 32.º, no artigo 33.º e no n.º 3 do artigo 34.º;

d) Terem sido punidas com coima pela prática dolosa dos ilícitos de mera ordenação social consubstanciados na violação do disposto no n.º 1 do artigo 24.º e no n.º 4 do artigo 30.º, desde que fique demonstrada a violação repetida dos deveres previstos no artigo 33.º e no n.º 3 do artigo 34.º, no exercício ilegal da actividade de angariação imobiliária;

e) Terem sido administradores, gerentes ou directores de uma empresa de mediação imobiliária punida, pelo menos três vezes, com coima pela prática dolosa dos ilícitos de mera ordenação social consubstanciados na violação do disposto no n.º 6 do artigo 2.º, nos n.ºs 1, 2, 3 e 4 do artigo 14.º e nos n.ºs 1, 2, 3, 4 e 5 do artigo 20.º;

f) Terem sido administradores, gerentes ou directores de uma empresa de mediação imobiliária punida, pelo menos duas vezes, com coima pela prática dolosa dos ilícitos de mera ordenação social previstos na alínea *b)* do n.º 1 do artigo 44.º;

g) Terem sido punidas ou terem sido administradores, gerentes ou directores de uma empresa de mediação imobiliária punida com coima pela prática dolosa do ilícito de mera ordenação social previsto na alínea *a)* do n.º 1 do artigo 44.º, desde que fique demonstrada a violação repetida de um dos deveres estipulados no artigo 16.º, nos n.ºs 2, 3 e 4 do artigo 17.º e nos n.ºs 3, 4 e 5 do artigo 18.º, no exercício ilegal da actividade de mediação imobiliária;

h) Terem sido punidas, no âmbito do exercício da actividade de angariação imobiliária, com a sanção acessória de interdição do exercício da actividade, nos termos da alínea *b)* do n.º 1 do artigo 45.º, durante o período desta interdição;

i) Terem sido administradores, gerentes ou directores de uma empresa de mediação imobiliária punida com a sanção acessória de interdição do exercício da actividade, nos termos da alínea *b)* do n.º 1 do artigo 45.º, durante o período desta interdição;

j) Terem sido punidas ou terem sido administradores, gerentes ou directores de uma empresa punida, com coima, pela prática das contra-ordenações previstas no Código da Propriedade Industrial;

l) Terem sido condenadas, por decisão transitada em julgado, pela prática dos crimes previstos no Código da Propriedade Industrial, em pena de prisão efectiva;

m) Terem sido condenadas, por decisão transitada em julgado, por crime doloso contra o património, em pena de prisão efectiva;

n) Terem sido condenadas, por decisão transitada em julgado, por crime de falsificação de documento, quando praticado no âmbito do exercício das actividades de mediação imobiliária ou de angariação imobiliária, em pena de prisão efectiva;

o) Terem sido condenadas, por decisão transitada em julgado, pela prática de crimes relativos ao branqueamento de capitais, em pena de prisão efectiva;

p) Terem sido condenadas, por decisão transitada em julgado, por crimes de corrupção activa ou passiva, em pena de prisão efectiva;

q) Terem sido condenadas, por decisão transitada em julgado, por crimes tributários, em pena de prisão efectiva;

r) Terem sido condenadas, por decisão transitada em julgado, por crime de desobediência, quando praticado no âmbito do exercício das actividades de mediação imobiliária ou de angariação imobiliária, em pena de prisão efectiva;

s) Terem sido condenadas, por decisão transitada em julgado, por crime de quebra de marcas ou de selos, quando praticado no âmbito do exercício das actividades de mediação imobiliária ou de angariação imobiliária, em pena de prisão efectiva;

t) Terem sido condenadas, por decisão transitada em julgado, por crime de arrancamento, destruição ou alteração de editais, quando praticado no âmbito do exercício das actividades de mediação imobiliária ou de angariação imobiliária, em pena de prisão efectiva.

5 – As condenações referidas nas alíneas *b)* a *g)* e *j)* do número anterior não relevam após o decurso do prazo de dois anos contados do cumprimento integral das obrigações decorrentes da aplicação da última sanção.

6 – A verificação da ocorrência dos factos descritos no n.º 4 não impede o IMOPPI de considerar, de forma justificada, que estão reunidas as condições de idoneidade para o exercício da actividade de mediação imobiliária, tendo em conta, nomeadamente, o tempo decorrido desde a prática dos factos.

ARTIGO 7.º – **Capacidade profissional**

1 – Para efeitos do disposto na alínea *d)* do n.º 1 do artigo 6.º, a capacidade profissional consiste na posse, por um dos administradores, gerentes ou directores, de ensino secundário completo ou equivalente e formação inicial e contínua adequadas.

2 – Ficam dispensados de comprovar formação inicial os administradores, gerentes ou directores que possuam grau de bacharel ou de licenciado em curso cujo plano curricular integre, como vertente dominante, formação nas áreas definidas por portaria conjunta dos ministros que tutelam o IMOPPI, o ensino superior e a formação profissional.

3 – A capacidade profissional pode igualmente ser comprovada por técnico, vinculado à empresa por contrato de trabalho a tempo completo, que possua as habilitações literárias previstas no número anterior e formação contínua.

4 – O administrador, gerente ou director só pode conferir capacidade profissional a uma empresa de mediação imobiliária.

5 – O técnico que confere capacidade profissional à empresa, nos termos do n.º 3, não pode exercer a actividade de angariação imobiliária, nem fazer parte do quadro de pessoal de outras empresas de mediação imobiliária.

6 – A avaliação da capacidade profissional bem como os critérios de adequação da formação profissional são definidos pela portaria prevista no n.º 2.

7 – Em caso de sociedades que não tenham a sua sede em Portugal, a capacidade profissional é conferida pelos mandatários ou por técnico das respectivas representações.

ARTIGO 8.º – **Denominação e obrigação de identificação**

1 – Da denominação das empresas de mediação imobiliária consta, obrigatoriamente, a expressão «Mediação Imobiliária», sendo o seu uso vedado a quaisquer outras entidades.

2 – As empresas de mediação estão obrigadas à sua clara identificação, com indicação da denominação, do número da licença e do prazo de validade da mesma, em todos os estabelecimentos de que disponham, incluindo os postos provisórios.

3 – Em todos os contratos, correspondência, publicações, publicidade e, de um modo geral, em toda a sua actividade externa as empresas devem indicar a sua denominação e o número da respectiva licença.

4 – No âmbito da respectiva actividade externa, os trabalhadores das empresas de mediação devem estar identificados através de cartões de identificação fornecidos pelas mesmas, dos quais deverá constar o seu nome e fotografia actualizada, bem como a identificação da empresa, nos termos do n.º 2.

5 – Todas as empresas de mediação que desenvolvam a sua actividade no âmbito de contratos de concessão ou uso de marcas, incluindo os contratos de franquia, estão sujeitas ao disposto no presente artigo.

ARTIGO 9.º – **Pedido de licenciamento**

1 – O pedido de licenciamento é formulado em requerimento dirigido ao presidente do conselho de administração do IMOPPI, do qual deve constar a identificação do requerente, dos respectivos administradores, gerentes e directores e a localização dos estabelecimentos, devendo ainda

ser acompanhado dos documentos comprovativos do preenchimento dos requisitos exigidos no n.º 1 do artigo 6.º

2 – O pedido de licenciamento só é deferido quando a empresa reúna os requisitos estabelecidos no presente diploma e tenha procedido ao pagamento da taxa aplicável.

3 – O licenciamento depende ainda da comprovação do pagamento das coimas aplicadas por decisão tornada definitiva, nos termos do artigo 44.º

4 – Em caso de extinção do procedimento por falta de pagamento da taxa aplicável, um novo pedido de licenciamento, efectuado antes de decorrido um ano sobre a data da extinção, implica um agravamento da respectiva taxa, estabelecido pela portaria referida no n.º 2 do artigo 36.º

5 – Qualquer pedido só será processado após o levantamento da sanção de interdição de exercício da actividade aplicada por decisão tornada definitiva, nos termos do artigo 45.º

ARTIGO 10.º – **Revalidação das licenças**

1 – A revalidação da licença deve ser requerida no decurso dos últimos seis meses da respectiva validade e até três meses antes da data do seu termo, sem prejuízo do disposto no n.º 5.

2 – O pedido de revalidação só é deferido quando a empresa reúna os requisitos necessários à obtenção da licença e tenha procedido ao pagamento da taxa aplicável.

3 – A revalidação depende ainda do pagamento das coimas aplicadas por decisão tornada definitiva, nos termos do artigo 44.º, bem como do pagamento das taxas devidas pelos registos de alteração de sede, alteração de denominação social e abertura de estabelecimentos, cujo pagamento não haja sido efectuado.

4 – O pedido de revalidação efectuado antes do prazo estabelecido no n.º 1 implica o não processamento do mesmo e a devolução ao requerente de toda a documentação entregue.

5 – O pedido de revalidação efectuado após o prazo estabelecido no n.º 1 e até à data do termo de validade da licença implica um agravamento da respectiva taxa, estabelecido pela portaria referida no n.º 2 do artigo 36.º

6 – O pedido de revalidação efectuado após a data do termo da licença implica o não processamento do mesmo e a devolução ao requerente de toda a documentação entregue.

7 – Em caso de extinção por falta de pagamento da taxa aplicável, um novo pedido de revalidação ou de licenciamento, efectuado antes de decorrido um ano sobre a data da extinção, implica um agravamento da respectiva taxa, estabelecido pela portaria referida no n.º 2 do artigo 36.º

ARTIGO 11.º – **Suspensão de licenças**

1 – São suspensas as licenças:
a) Às empresas que o requeiram;
b) Às empresas que deixem de reunir qualquer dos requisitos necessários à respectiva concessão e manutenção, referidos no artigo 6.º, sem prejuízo do disposto na alínea *f)* do artigo seguinte.

2 – O período de suspensão da licença não pode ser superior a um ano e, em caso algum, ultrapassar a data limite da sua validade.

3 – Nos casos previstos na alínea *a)* do n.º 1, a suspensão das licenças só será levantada, a solicitação das empresas, após comprovação dos requisitos de ingresso na actividade.

4 – Nos casos previstos na alínea *b)* do n.º 1, a suspensão é levantada após comprovação dos requisitos de ingresso na actividade.

ARTIGO 12.º – **Cancelamento das licenças**

São canceladas as licenças:
a) Às empresas que o requeiram;
b) Às empresas que se encontrem nas situações previstas no artigo anterior e não regularizem a situação, nos termos dos n.ºs 3 e 4 do artigo anterior;
c) Às empresas a que tenha sido aplicada a sanção de interdição do exercício de actividade, prevista no artigo 45.º;
d) Quando ocorra a extinção das empresas titulares ou a cessação da actividade de mediação imobiliária, sem prejuízo, neste último caso, do disposto na alínea *a)* do n.º 1 do artigo anterior;
e) Às empresas que não procedam ao pagamento voluntário das coimas aplicadas por decisão tornada definitiva, nos termos do artigo 44.º;
f) Às empresas que tenham deixado de ser idóneas, nos termos do disposto no n.º 3 do artigo 6.º

ARTIGO 13.º – **Condições e efeitos da suspensão e do cancelamento das licenças**

1 – A suspensão ou cancelamento das licenças implica a entrega ao IMOPPI da licença e dos cartões de identificação dos respectivos administradores, gerentes ou directores no prazo máximo de oito dias, contados a partir da data da sua notificação, sob pena de apreensão imediata pelas autoridades competentes.

2 – Em caso de cancelamento da licença as empresas devem ainda remeter ao IMOPPI cópia da declaração de alteração ou cessação de actividade, conforme tenha sido entregue junto da administração fiscal.

3 – A suspensão e o cancelamento das licenças determinam o encerramento dos estabelecimentos e postos provisórios, sob pena de encerramento coercivo pelas autoridades competentes, sendo-lhes vedado o exercício da actividade a partir da data da recepção da respectiva notificação.

4 – A suspensão e o cancelamento das licenças determinam ainda a caducidade dos contratos de mediação imobiliária.

SECÇÃO II – **Exercício da actividade**

ARTIGO 14.º – **Estabelecimentos**

1 – As empresas de mediação imobiliária só podem efectuar atendimento do público em instalações autónomas, designadas por estabelecimentos, separadas de quaisquer outros estabelecimentos comerciais ou industriais e de residências.

2 – A abertura ou a alteração da localização dos estabelecimentos referidos no número anterior só pode ser efectuada após comunicação ao IMOPPI e cumpridas as obrigações estabelecidas no artigo 20.º

3 – O encerramento dos estabelecimentos referidos nos números anteriores só pode ser efectuado após comunicação ao IMOPPI.

4 – As empresas podem ainda instalar postos provisórios junto a imóveis ou em empreendimentos de cuja mediação estejam encarregadas, desde que exclusivamente destinados a acolher o representante da empresa, para aí prestar informações e facultar a visita aos imóveis.

5 – A infracção ao disposto no n.º 2 mantém-se enquanto não for efectuada a comunicação ao IMOPPI, sendo exigível o cumprimento das obrigações aí previstas até ao efectivo encerramento dos estabelecimentos em causa.

ARTIGO 15.º – **Negócios sobre estabelecimentos comerciais**

O trespasse e a cessão de exploração de estabelecimentos comerciais, pertencentes a sociedades licenciadas nos termos do presente diploma e afectos ao exercício da actividade de mediação imobiliária, dependem da titularidade da licença para o exercício dessa actividade pela adquirente que ali pretenda continuar a exercê-la.

ARTIGO 16.º – **Deveres para com os interessados**

1 – A empresa de mediação é obrigada a:

a) Certificar-se, no momento da celebração do contrato de mediação, da capacidade e legitimidade para contratar das pessoas intervenientes nos negócios que irão promover;

b) Certificar-se, no momento da celebração do mesmo contrato, por todos os meios ao seu alcance, da correspondência entre as características do imóvel objecto do contrato de mediação e as fornecidas pelos interessados contratantes, bem como se sobre o mesmo recaem quaisquer ónus ou encargos;

c) Obter informação junto de quem as contratou e fornecê-la aos interessados de forma clara, objectiva e adequada, nomeadamente sobre as características, composição, preço e condições de pagamento do bem em causa;

d) Propor com exactidão e clareza os negócios de que forem encarregadas, procedendo de modo a não induzir em erro os interessados;

e) Comunicar imediatamente aos interessados qualquer facto que ponha em causa a concretização do negócio visado.

2 – Está expressamente vedado à empresa de mediação:

a) Receber remuneração de ambos os interessados no mesmo negócio, sem prejuízo do disposto no n.º 6 do artigo 18.º;

b) Intervir como parte interessada em negócio cujo objecto coincida com o objecto material do contrato de mediação do qual seja parte, nomeadamente comprar ou constituir outros directos reais, arrendar e tomar de trespasse, para si ou para sociedade de que sejam sócios, bem como para os seus sócios, administradores ou gerentes e seus cônjuges e descendentes e ascendentes do 1.º grau;

c) Celebrar contratos de mediação imobiliária quando as circunstâncias do caso permitirem, razoavelmente, duvidar da licitude do negócio que irão promover.

ARTIGO 17.º – **Recebimento de quantias**

1 – Consideram-se depositadas à guarda da empresa de mediação quaisquer quantias que lhe sejam confiadas, nessa qualidade, antes da celebração do negócio ou da promessa do negócio visado com o exercício da mediação.

2 – As empresas de mediação são obrigadas, até à celebração da promessa do negócio ou, não havendo lugar a esta, do negócio objecto do contrato de mediação imobiliária, a restituir, a quem as prestou, as quantias mencionadas no número anterior.

3 – As empresas de mediação estão obrigadas a entregar de imediato aos interessados quaisquer quantias prestadas por conta do preço do negócio visado com o exercício da mediação que, na qualidade de mediador, lhes sejam confiadas.

4 – É expressamente vedado às empresas de mediação utilizar em proveito próprio as quantias referidas nos números anteriores.

5 – O depósito efectuado nos termos do n.º 1 é gratuito, aplicando-se, com as necessárias adaptações, as disposições previstas no Código Civil para o contrato de depósito.

ARTIGO 18.º – **Remuneração**

1 – A remuneração só é devida com a conclusão e perfeição do negócio visado pelo exercício da mediação.

2 – Exceptuam-se do disposto no número anterior:

a) Os casos em que o negócio visado, no âmbito de um contrato de mediação celebrado, em regime de exclusividade, com o proprietário do bem imóvel, não se concretiza por causa imputável ao cliente da empresa mediadora, tendo esta direito a remuneração;

b) Os casos em que tenha sido celebrado contrato-promessa relativo ao negócio visado pelo contrato de mediação, nos quais as partes podem prever o pagamento da remuneração após a sua celebração.

3 – Sem prejuízo do disposto no n.º 4, é vedado às empresas de mediação receber quaisquer quantias a título de remuneração ou de adiantamento por conta da mesma, previamente ao momento em que esta é devida nos termos dos n.ºs 1 e 2.

4 – Quando o contrato de mediação é celebrado com o comprador ou arrendatário, a empresa, desde que tal resulte expressamente do contrato, pode cobrar quantias a título de adiantamento por conta da remuneração

acordada, devendo as mesmas ser devolvidas ao cliente no caso de não concretização do negócio objecto do contrato de mediação imobiliária.

5 – Nos casos previstos no número anterior, os adiantamentos não poderão exceder, no total, 10% da remuneração acordada e só poderão ser cobradas após a efectiva angariação de imóvel que satisfaça a pretensão do cliente e corresponda às características mencionadas no contrato de mediação imobiliária.

6 – Caso a empresa de mediação tenha celebrado contratos de mediação com ambas as partes no mesmo negócio, cujo objecto material seja o mesmo bem imóvel, a remuneração só é devida por quem primeiro a contratou, excepto se houver acordo expresso de todas as partes na respectiva divisão.

7 – A alteração subjectiva numa das partes do negócio visado, por exercício do direito legal de preferência, não afasta o direito à remuneração da empresa de mediação.

ARTIGO 19.º – **Contrato de mediação imobiliária**

1 – O contrato de mediação imobiliária está sujeito à forma escrita.

2 – Do contrato constam, obrigatoriamente, os seguintes elementos:

a) A identificação das características do bem imóvel que constitui objecto material do contrato, com especificação de todos os ónus e encargos que sobre ele recaiam;

b) A identificação do negócio visado pelo exercício de mediação;

c) As condições de remuneração, nomeadamente montante ou percentagem e forma de pagamento, com indicação da taxa de IVA aplicável;

d) A identificação do seguro de responsabilidade civil previsto na alínea *e)* do n.º 1 do artigo 6.º, nomeadamente indicação da apólice, capital contratado e entidade seguradora através da qual foi celebrado.

3 – Quando o contrato é omisso relativamente ao respectivo prazo de duração, considera-se o mesmo celebrado por um período de seis meses.

4 – Quando a empresa de mediação é contratada em regime de exclusividade, só ela tem o direito de promover o negócio objecto do contrato de mediação durante o respectivo período de vigência.

5 – A consagração do regime de exclusividade, quando exista, terá de constar expressamente do contrato de mediação imobiliária.

6 – Os serviços previstos no n.º 3 do artigo 2.º prestados pelas empresas no âmbito de um contrato de mediação devem constar expressa-

mente do mesmo, bem como a menção dos correspondentes elementos a que se refere a alínea *c*) do n.º 2 do presente artigo, ficando as empresas, nestes casos, investidas na qualidade de mandatárias sem representação.

7 – Tratando-se de contratos com uso de cláusulas contratuais gerais, a empresa de mediação deve enviar a cópia dos respectivos projectos ao Instituto do Consumidor.

8 – O incumprimento do disposto nos n.ºs 1, 2 e 7 do presente artigo gera a nulidade do contrato, não podendo esta, contudo, ser invocada pela empresa de mediação.

ARTIGO 20.º – **Livro de reclamações**

1 – Em cada estabelecimento deve existir um livro de reclamações destinado aos utentes, para que estes possam formular reclamações sobre a qualidade dos serviços e o modo como foram prestados.

2 – O livro de reclamações deve encontrar-se sempre disponível e ser imediatamente facultado ao utente que o solicite, devendo ser-lhe entregue um duplicado das observações ou reclamações exaradas no mesmo, podendo este remetê-lo ao IMOPPI, acompanhado dos documentos e meios de prova necessários à apreciação das mesmas.

3 – As empresas de mediação são obrigadas a enviar ao IMOPPI um duplicado das reclamações escritas no livro, no prazo máximo de cinco dias a contar da sua ocorrência.

4 – Em todos os estabelecimentos deve ser publicitada de forma bem visível a existência do respectivo livro de reclamações.

5 – Nos postos provisórios devem ser devidamente publicitados os estabelecimentos onde se encontram os livros de reclamações.

6 – O livro de reclamações é editado e fornecido pelo IMOPPI ou pelas entidades que ele encarregar para o efeito, sendo o modelo, o preço e as condições de distribuição e utilização aprovados pelo conselho de administração do IMOPPI.

ARTIGO 21.º – **Deveres para com o IMOPPI**

1 – As empresas são obrigadas a:
a) Comunicar ao IMOPPI qualquer alteração verificada nos requisitos previstos no n.º 1 do artigo 6.º, no prazo de 15 dias a contar da respectiva ocorrência;

b) Comunicar previamente ao IMOPPI o uso de marcas ou nomes de estabelecimentos comerciais;

c) Sem prejuízo do disposto nos n.ºs 2 e 3 do artigo 14.°, comunicar ao IMOPPI todas as alterações que impliquem actualização do registo referido no n.° 1 do artigo 37.°, bem como quaisquer outras modificações introduzidas no contrato de sociedade das empresas, no prazo de 30 dias a contar da respectiva ocorrência;

d) Enviar ao IMOPPI, no prazo por este determinado, os elementos relacionados com o exercício da actividade que lhe sejam solicitados;

e) Organizar e conservar actualizado um registo de todos os contratos de mediação celebrados no exercício da respectiva actividade;

f) Conservar actualizado um arquivo de todos os contratos de mediação celebrados no exercício da respectiva actividade;

g) Conservar actualizado um arquivo de todos os contratos de prestação de serviços celebrados com os angariadores imobiliários;

h) Dispor de contabilidade organizada;

i) Enviar ao IMOPPI cópia das sentenças ou decisões que ponham termo a processos em que tenham sido parte;

j) Prestar ao IMOPPI, no exercício da sua competência de fiscalização, ou a qualquer entidade com competências de fiscalização, todas as informações relacionadas com a sua actividade, bem como facultar-lhe o acesso às instalações, aos livros de registo e de reclamações, aos arquivos previstos nas alíneas *f)* e *g)* e à demais documentação relacionada com a actividade de mediação;

l) Comunicar ao IMOPPI a cessação da respectiva actividade.

2 – Os contratos arquivados nos termos das alíneas *f)* e *g)* do n.° 1 devem ser conservados durante os cinco anos civis subsequentes ao da respectiva celebração.

SECÇÃO III – **Responsabilidade civil e seguro de responsabilidade civil**

ARTIGO 22.° – **Responsabilidade civil**

1 – As empresas de mediação são responsáveis pelo pontual cumprimento das obrigações resultantes do exercício da sua actividade.

2 – As empresas de mediação são responsáveis, nos termos do artigo 500.° do Código Civil, pelos danos causados por factos praticados por

angariadores no âmbito dos contratos de prestação de serviços entre eles celebrados.

3 – São, ainda, solidariamente responsáveis pelos danos causados a terceiros, para além das situações já previstas na lei, quando se demonstre que actuaram, aquando da celebração ou execução do contrato de mediação imobiliária, em violação do disposto nas alíneas *a)* a *e)* do n.º 1 e nas alíneas *b)* e *c)* do n.º 2 do artigo 16.º

4 – Consideram-se terceiros, para efeitos da presente secção, todos os que, em resultado de um acto de mediação, venham a sofrer danos patrimoniais, ainda que não tenham sido parte no contrato de mediação imobiliária.

ARTIGO 23.º – **Seguro de responsabilidade civil**

1 – Para garantia da responsabilidade emergente da sua actividade, as empresas devem realizar um contrato de seguro de responsabilidade civil, de montante e condições mínimos a fixar por portaria conjunta dos ministros que tutelam o IMOPPI, o Instituto de Seguros de Portugal e a defesa do consumidor.

2 – O seguro de responsabilidade civil destina-se ao ressarcimento dos danos patrimoniais causados a terceiros, decorrentes de acções ou omissões das empresas, seus representantes, ou do incumprimento de outras obrigações resultantes do exercício da actividade, bem como dos danos previstos no n.º 2 do artigo 22.º

3 – Nenhuma empresa pode iniciar a sua actividade sem fazer prova, junto do IMOPPI, da celebração de contrato de seguro de responsabilidade civil e de que o mesmo se encontra em vigor.

CAPÍTULO III – **Actividade de angariação imobiliária**

SECÇÃO I – **Inscrição**

ARTIGO 24.º – **Inscrição**

1 – O exercício da actividade de angariação imobiliária depende de inscrição no IMOPPI em vigor e da celebração de contrato de prestação de serviços com empresa de mediação imobiliária detentora de licença válida.

2 – O IMOPPI emite cartões de identificação aos angariadores imobiliários inscritos, que os deverão exibir em todos os actos em que intervenham.

3 – A inscrição dos angariadores imobiliários e os respectivos cartões de identificação são válidos por um período de três anos e revalidados por idênticos períodos.

ARTIGO 25.º – **Requisitos de ingresso e manutenção na actividade**

1 – A inscrição na actividade e sua manutenção dependem do preenchimento cumulativo, pelos requerentes, dos seguintes requisitos:

a) Ser empresário em nome individual, com firma de acordo com o estipulado no n.º 1 do artigo 27.º e domicílio efectivo num Estado membro da União Europeia;

b) Ter a situação regularizada perante a administração fiscal e a segurança social;

c) Possuir capacidade profissional nos termos do disposto no artigo 26.º;

d) Possuir idoneidade comercial.

2 – Para efeitos do disposto na alínea *d)* do número anterior, considera-se indiciada a falta de idoneidade comercial sempre que se verifique, entre outras, qualquer das seguintes situações:

a) Ter sido punido, pelo menos três vezes, com coima pela prática dolosa dos ilícitos de mera ordenação social consubstanciados na violação do disposto nas alíneas *c)* e *e)* do n.º 1 do artigo 32.º;

b) Ter sido punido, pelo menos duas vezes, com coima pela prática dolosa dos ilícitos de mera ordenação social consubstanciados na violação do disposto no n.º 2 do artigo 4.º, nas alíneas *a)*, *b)*, *f)* e *g)* do n.º 1 do artigo 32.º, no artigo 33.º e no n.º 3 do artigo 34.º;

c) Ter sido punido com coima pela prática dolosa dos ilícitos de mera ordenação social consubstanciados na violação do disposto no n.º 1 do artigo 24.º e no n.º 4 do artigo 30.º, desde que fique demonstrada a violação repetida dos deveres previstos no artigo 33.º e no n.º 3 do artigo 34.º, no exercício ilegal da actividade de angariação imobiliária;

d) Ter sido administrador, gerente ou director de uma empresa de mediação imobiliária punida, pelo menos três vezes, com coima pela prática dolosa dos ilícitos de mera ordenação social consubstanciados na violação do disposto no n.º 6 do artigo 2.º, nos n.ᵒˢ 1, 2, 3 e 4 do artigo 14.º e nos n.ᵒˢ 1, 2, 3, 4 e 5 do artigo 20.º;

e) Ter sido administrador, gerente ou director de uma empresa de mediação imobiliária punida, pelo menos duas vezes, com coima pela prática dolosa dos ilícitos de mera ordenação social previstos na alínea *b)* do n.º 1 do artigo 44.º;

f) Ter sido punido ou ter sido administrador, gerente ou director de uma empresa de mediação imobiliária punida com coima pela prática dolosa do ilícito de mera ordenação social previsto na alínea *a)* do n.º 1 do artigo 44.º, desde que fique demonstrada a violação repetida de um dos deveres estipulados no artigo 16.º, nos n.ᵒˢ 2, 3 e 4 do artigo 17.º e nos n.ᵒˢ 3, 4 e 5 do artigo 18.º, no exercício ilegal da actividade de mediação imobiliária;

g) Ter sido punido, no âmbito do exercício da actividade de mediação imobiliária, com a sanção acessória de interdição do exercício da actividade, nos termos da alínea *b)* do n.º 1 do artigo 45.º, durante o período desta interdição;

h) Ter sido administrador, gerente ou director de uma empresa de mediação imobiliária punida com a sanção acessória de interdição do exercício da actividade, nos termos da alínea *b)* do n.º 1 do artigo 45.º, durante o período desta interdição.

i) Ter sido punido ou ter sido administrador, gerente ou director de uma empresa punida, com coima, pela prática das contra-ordenações previstas no Código da Propriedade Industrial;

j) Ter sido condenado, por decisão transitada em julgado, pela prática dos crimes previstos no Código da Propriedade Industrial, em pena de prisão efectiva;

l) Ter sido condenado, por decisão transitada em julgado, por crime doloso contra o património, em pena de prisão efectiva;

m) Ter sido condenado, por decisão transitada em julgado, por crime de falsificação de documento, quando praticado no âmbito do exercício das actividades de mediação imobiliária ou de angariação imobiliária, em pena de prisão efectiva;

n) Ter sido condenado, por decisão transitada em julgado, pela prática de crimes relativos ao branqueamento de capitais, em pena de prisão efectiva;

o) Ter sido condenado, por decisão transitada em julgado, por crimes de corrupção activa ou passiva, em pena de prisão efectiva;

p) Ter sido condenado, por decisão transitada em julgado, por crimes tributários, em pena de prisão efectiva;

q) Ter sido condenado, por decisão transitada em julgado, por crime de desobediência, quando praticado no âmbito do exercício das actividades de mediação imobiliária ou de angariação imobiliária, em pena de prisão efectiva;

r) Ter sido condenado, por decisão transitada em julgado, por crime de quebra de marcas ou de selos, quando praticado no âmbito do exercício das actividades de mediação imobiliária ou de angariação imobiliária, em pena de prisão efectiva;

s) Ter sido condenado, por decisão transitada em julgado, por crime de arrancamento, destruição ou alteração de editais, quando praticado no âmbito do exercício das actividades de mediação imobiliária ou de angariação imobiliária, em pena de prisão efectiva.

3 – As condenações referidas nas alíneas *a)* a *f)* e *i)* do número anterior não relevam após o decurso do prazo de dois anos, contados do cumprimento integral das obrigações decorrentes da aplicação da última sanção.

4 – A verificação da ocorrência dos factos descritos no n.º 2 não impede o IMOPPI de considerar, de forma justificada, que estão reunidas as condições de idoneidade para o exercício da actividade de angariador imobiliário, tendo em conta, nomeadamente, o tempo decorrido desde a prática dos factos.

ARTIGO 26.º – **Capacidade profissional**

1 – Para efeitos do disposto na alínea *c)* do n.º 1 do artigo 25.º, a capacidade profissional consiste na posse de escolaridade mínima obrigatória e formação inicial e contínua adequadas, sem prejuízo do disposto no n.º 3.

2 – Ficam dispensados de comprovar formação inicial os interessados que possuam grau de bacharel ou de licenciado em curso cujo plano curricular integre, como vertente dominante, formação nas áreas definidas pela portaria prevista no artigo 7.º

3 – Quando a escolaridade mínima obrigatória for inferior a nove anos de escolaridade, deve ainda o interessado fazer prova da posse de três anos de experiência profissional adequada.

4 – A avaliação da capacidade profissional bem como os critérios de adequação da experiência e da formação profissional são definidos pela portaria prevista no artigo 7.º

ARTIGO 27.º – **Firma e obrigação de identificação**

1 – Da firma dos angariadores imobiliários consta, obrigatoriamente, a expressão «Angariador Imobiliário», sendo o seu uso vedado a quaisquer outras entidades.

2 – Em todos os actos em que intervenham, no âmbito dos serviços prestados às empresas de mediação, os angariadores imobiliários devem indicar a sua firma e o número da respectiva inscrição.

3 – Nas situações previstas no número anterior, os angariadores devem ainda identificar a empresa de mediação a quem prestem serviço, através da indicação da denominação e do respectivo número da licença.

4 – No âmbito da respectiva actividade externa, os trabalhadores dos angariadores imobiliários devem estar identificados através de cartões de identificação fornecidos pelos mesmos, dos quais deverá constar o seu nome e fotografia actualizada, bem como a identificação do angariador, nos termos do n.º 2.

ARTIGO 28.º – **Pedido de inscrição**

1 – O pedido de inscrição é formulado em requerimento dirigido ao presidente do conselho de administração do IMOPPI, devendo ser acompanhado dos documentos comprovativos do preenchimento dos requisitos exigidos no artigo 25.º

2 – O pedido de inscrição só é deferido quando o requerente reúna os requisitos estabelecidos no presente diploma e tenha procedido ao pagamento da taxa aplicável.

3 – A inscrição depende ainda da comprovação do pagamento das coimas aplicadas por decisão tornada definitiva, nos termos do artigo 44.º

4 – Em caso de extinção do procedimento por falta de pagamento da taxa aplicável, um novo pedido de inscrição, efectuado antes de decorrido um ano sobre a data da extinção, implica um agravamento da respectiva taxa, estabelecido pela portaria referida no n.º 2 do artigo 36.º

5 – Qualquer pedido só será processado após o levantamento da sanção de interdição de exercício da actividade aplicada por decisão tornada definitiva, nos termos do artigo 45.º

ARTIGO 29.º – Revalidação da inscrição

1 – A revalidação da inscrição deve ser requerida no decurso dos últimos seis meses da respectiva validade e até três meses antes da data do seu termo, sem prejuízo do disposto no n.º 5.

2 – O pedido de revalidação só é deferido quando o requerente reúna os requisitos necessários à inscrição e tenha procedido ao pagamento da taxa aplicável.

3 – A revalidação da inscrição depende ainda do pagamento das coimas aplicadas por decisão tornada definitiva, nos termos do artigo 44.º, bem como do pagamento das taxas devidas pelos registos de alteração de firma e de domicílio, cujo pagamento não haja sido efectuado.

4 – O pedido de revalidação efectuado antes do prazo estabelecido no n.º 1 implica o não processamento do mesmo e a devolução ao requerente de toda a documentação entregue.

5 – O pedido de revalidação efectuado após o prazo estabelecido no n.º 1 do presente artigo e até à data do termo de validade da inscrição implica um agravamento da respectiva taxa, estabelecido pela portaria referida no n.º 2 do artigo 36.º

6 – O pedido de revalidação efectuado após a data do termo da inscrição implica o não processamento do mesmo e a devolução ao requerente de toda a documentação entregue, podendo efectuar novo pedido nos termos do artigo 28.º

7 – Em caso de extinção por falta de pagamento da taxa aplicável, um novo pedido de revalidação ou de inscrição, efectuado antes de decorrido um ano sobre a data da extinção, implica um agravamento da respectiva taxa, estabelecido pela portaria referida no n.º 2 do artigo 36.º

ARTIGO 30.º – Cancelamento da inscrição

1 – São canceladas as inscrições:
a) Aos angariadores imobiliários que o requeiram;
b) Aos angariadores imobiliários que deixem de reunir qualquer dos requisitos de acesso e manutenção na actividade, previstos no artigo 25.º;
c) Aos angariadores imobiliários aos quais tenha sido aplicada a sanção de interdição do exercício da actividade, prevista no artigo 45.º;
d) Em caso de cessação da actividade dos angariadores imobiliários;

e) Aos angariadores imobiliários que não procedam ao pagamento voluntário das coimas aplicadas por decisão tornada definitiva, nos termos do artigo 44.º

2 – O cancelamento da inscrição implica a entrega do cartão de identificação, no prazo máximo de oito dias contados a partir da data da sua notificação, sob pena de apreensão imediata do mesmo pelas autoridades competentes.

3 – Em caso de cancelamento da inscrição, os angariadores imobiliários devem ainda remeter ao IMOPPI cópia da declaração de alteração ou cessação de actividade, conforme entregue junto da administração fiscal.

4 – A partir da data da recepção da notificação de cancelamento da inscrição é expressamente vedado o exercício da actividade de angariação imobiliária.

SECÇÃO II – **Condições de exercício da actividade**

ARTIGO 31.º – **Dever de colaboração**

No exercício da respectiva actividade, os angariadores imobiliários devem colaborar com as empresas de mediação no cumprimento dos deveres estabelecidos nas alíneas *a)* a *e)* do n.º 1 do artigo 16.º

ARTIGO 32.º – **Incompatibilidades**

1 – É expressamente vedado ao angariador imobiliário:

a) Celebrar contratos de prestação de serviços com empresas de mediação imobiliária que não possuam licença para o exercício da actividade;

b) Ser sócio ou exercer funções de gerente, administrador ou director em empresa de mediação imobiliária;

c) Exercer a sua actividade por interposta pessoa, salvo no que se refere aos seus trabalhadores;

d) Intervir como parte, no âmbito da respectiva actividade, em contrato de mediação imobiliária;

e) Celebrar contratos de mediação imobiliária em nome e por conta da empresa de mediação imobiliária;

f) Intervir como parte interessada em negócio ou promessa de negócio para cuja mediação tenha sido contratada empresa de mediação a quem preste serviços;

g) Efectuar atendimento do público em estabelecimento próprio.

2 – Para efeitos do previsto na alínea *f*) do n.º 1, considera-se que o angariador também intervém como parte interessada quando o negócio ou promessa de negócio seja celebrado entre terceiro que haja contratado a empresa de mediação a quem preste serviços e sociedade de que o angariador seja sócio, bem como o seu cônjuge, descendentes ou ascendentes do 1.º grau.

ARTIGO 33.º – **Recebimento e retenção de quantias**

Os angariadores imobiliários estão obrigados a entregar de imediato às empresas de mediação todas as quantias que, naquela qualidade, lhes sejam confiadas pelos interessados na realização dos negócios objecto dos contratos de mediação.

ARTIGO 34.º – **Retribuição**

1 – Pela prestação de serviços de angariação imobiliária é devida retribuição, nos termos acordados no contrato de prestação de serviços celebrado com a empresa de mediação imobiliária.

2 – A retribuição prevista no número anterior será prestada pela empresa de mediação imobiliária.

3 – É expressamente vedado aos angariadores imobiliários cobrar e receber dos interessados na realização do negócio visado com o contrato de mediação quaisquer quantias a título de retribuição.

ARTIGO 35.º – **Deveres para com o IMOPPI**

1 – Os angariadores imobiliários são obrigados a:

a) Comunicar ao IMOPPI qualquer alteração verificada nos requisitos previstos no n.º 1 do artigo 25.º, no prazo de 15 dias a contar da respectiva ocorrência;

b) Comunicar previamente ao IMOPPI o uso de marcas;

c) Comunicar ao IMOPPI todas as alterações que impliquem actualização do registo referido no n.º 2 do artigo 37.º, no prazo de 30 dias a contar da respectiva ocorrência;

d) Enviar ao IMOPPI, no prazo por este determinado, os elementos relacionados com o exercício da actividade que lhe sejam solicitados;

e) Conservar actualizado um arquivo de todos os contratos de prestação de serviços celebrados com as empresas de mediação imobiliária;

f) Prestar ao IMOPPI, no exercício da sua competência de fiscalização, ou a qualquer entidade com competências de fiscalização, todas as informações, bem como facultar-lhe o acesso às instalações, ao arquivo previsto na alínea *e*) e à demais documentação relacionada com a sua actividade;

g) Comunicar ao IMOPPI a cessação da respectiva actividade.

2 – Os contratos arquivados nos termos da alínea *e*) do n.º 1 do presente artigo devem ser conservados durante os cinco anos civis subsequentes ao da respectiva celebração.

CAPÍTULO IV – **Taxas e registo**

ARTIGO 36.º – **Taxas**

1 – Os procedimentos administrativos previstos no presente diploma, bem como os demais tendentes à sua boa execução, estão sujeitos ao pagamento de taxas destinadas a cobrir os encargos com a gestão do sistema de ingresso e permanência nas actividades de mediação imobiliária e de angariação imobiliária, bem como com a fiscalização destas actividades.

2 – As taxas constituem receita do IMOPPI e são fixadas, bem como os procedimentos administrativos previstos no n.º 1, por portaria do ministro que tutela o IMOPPI.

ARTIGO 37.º – **Registo**

1 – O IMOPPI deve organizar e manter um registo das empresas de mediação, do qual conste:

a) A denominação social, a sede, o número de identificação de pessoa colectiva e o número de matrícula na conservatória do registo comercial;

b) As marcas e os nomes dos estabelecimentos comerciais das empresas;

c) A identificação dos gerentes, administradores ou directores;

d) A localização dos estabelecimentos;

e) A forma de prestação do seguro de responsabilidade civil e respectivos elementos de identificação;

f) A identificação das pessoas que detenham a capacidade profissional exigida no artigo 7.°

2 – O IMOPPI deve ainda organizar e manter um registo dos angariadores imobiliários, do qual conste a firma, o domicílio, o número do bilhete de identidade e o número de identificação fiscal, bem como as marcas que usem no exercício da respectiva actividade.

3 – Devem ainda ser inscritos no registo os seguintes factos:

a) A alteração de qualquer dos elementos integrantes do pedido de licenciamento ou de inscrição;

b) A verificação de qualquer outro facto sujeito a comunicação ao IMOPPI;

c) A suspensão da licença;

d) As denúncias apresentadas;

e) As sanções aplicadas.

4 – O IMOPPI deve ainda manter um registo dos pedidos indeferidos e das licenças e das inscrições canceladas.

5 – A organização e manutenção dos registos referidos nos números anteriores ficam condicionadas à observância das normas procedimentais e de protecção de dados, de acordo com a Lei n.° 67/98, de 26 de Outubro, a prever no diploma legal de alteração dos Estatutos do IMOPPI.

CAPÍTULO V – **Fiscalização e sanções**

SECÇÃO I – **Responsabilidade contra-ordenacional**

ARTIGO 38.° – **Competências de inspecção e fiscalização do IMOPPI**

1 – O IMOPPI, no âmbito das suas competências, inspecciona e fiscaliza as actividades de mediação imobiliária e de angariação imobiliária.

2 – No exercício das suas competências de inspecção e fiscalização, o IMOPPI pode solicitar a quaisquer serviços públicos ou autoridades toda a colaboração ou auxílio que julgue necessários.

3 – O IMOPPI pode confiar às autoridades policiais a apreensão das licenças e cartões de identificação, prevista nos termos do n.° 1 do artigo 13.° e do n.° 2 do artigo 30.°

4 – Todas as autoridades e seus agentes devem participar ao IMOPPI quaisquer infracções contra-ordenacionais ao presente diploma e respectivas disposições regulamentares.

ARTIGO 39.º – **Responsabilidade pelas infracções**

1 – Pela prática das contra-ordenações a que se refere o presente diploma podem ser responsabilizadas pessoas singulares ou colectivas, ainda que irregularmente constituídas, e associações sem personalidade jurídica.

2 – As sociedades, as demais pessoas colectivas e as associações sem personalidade jurídica são responsáveis pelas contra-ordenações previstas no presente diploma quando os factos tiverem sido praticados, no exercício das suas funções, pelos membros dos respectivos órgãos ou pelos titulares de cargos de administração, gerência ou direcção, bem como pelos seus mandatários, trabalhadores ou prestadores de serviços, agindo no exercício das funções que lhes foram confiadas.

3 – Os empresários em nome individual são responsáveis pelas contra-ordenações previstas no presente diploma quando os factos tiverem sido por si praticados ou pelos seus mandatários, trabalhadores ou prestadores de serviços, agindo no exercício das funções que lhes foram confiadas.

4 – Os administradores, gerentes ou directores das pessoas colectivas, ainda que irregularmente constituídas, e das associações sem personalidade jurídica respondem solidariamente pelo pagamento das coimas e das custas em que aquelas forem condenadas ainda que, à data da condenação, hajam sido dissolvidas ou entrado em liquidação, excepto quando comprovem ter-se oposto à prática da contra-ordenação.

ARTIGO 40.º – **Procedimento de advertência**

1 – Quando a infracção, praticada no âmbito do exercício da actividade de mediação imobiliária, for punível com coima até € 5 000 ou, praticada no âmbito da actividade de angariação imobiliária, for punível com coima até € 2 500, pode o IMOPPI advertir o infractor, notificando-o para sanar a irregularidade.

2 – Da notificação devem constar a identificação da infracção, as medidas necessárias para a sua regularização, o prazo para o cumprimento

das mesmas e a advertência de que o seu não cumprimento dá lugar à instauração de processo de contra-ordenação.

3 – Se o infractor não comprovar ter sanado a irregularidade no prazo fixado, o processo de contra-ordenação é instaurado.

4 – O disposto no presente artigo só é aplicável se o infractor não tiver sido advertido, no decurso dos últimos dois anos, pela prática da mesma infracção.

ARTIGO 41.º – **Auto de notícia e de denúncia**

1 – Quando o IMOPPI, no exercício das suas competências de inspecção e fiscalização, presenciar contra-ordenação levanta ou manda levantar auto de notícia, que deve mencionar os factos que constituem infracção, o dia, a hora, o local e as circunstâncias em que foi cometida, o nome e a qualidade do agente que a presenciou e tudo o que puder averiguar acerca da identificação dos infractores e, quando possível, a indicação de, pelo menos, uma testemunha que possa depor sobre os factos.

2 – O auto de notícia é assinado pelo agente que o levantou e pelas testemunhas, quando for possível.

3 – A autoridade ou agente da autoridade que tiver notícia, por denúncia ou conhecimento próprio, de infracção ao presente diploma, levanta auto a que é correspondentemente aplicável o disposto nos n.ºs 1 e 2, com as necessárias adaptações.

4 – O auto de notícia levantado nos termos dos n.ºs 1 e 2 faz fé, até prova em contrário, sobre os factos presenciados pelo autuante.

ARTIGO 42.º – **Notificações**

1 – As notificações efectuam-se:

a) Por contacto pessoal com o notificando no lugar em que for encontrado;

b) Mediante carta registada expedida para a sede, o domicílio ou o estabelecimento do notificando;

c) Mediante carta simples expedida para a sede, o domicílio ou o estabelecimento do notificando.

2 – A notificação por contacto pessoal deve ser efectuada, sempre que possível, no acto de autuação, podendo ainda ser praticada quando o notificando for encontrado pela entidade competente.

3 – Se não for possível, no acto de autuação, proceder nos termos do número anterior ou se estiver em causa qualquer outro acto, a notificação é efectuada através de carta registada expedida para a sede, o domicílio ou o estabelecimento do notificando.

4 – Se, por qualquer motivo, a carta prevista no número anterior for devolvida à entidade remetente, a notificação é reenviada ao notificando para a sua sede, o seu domicílio ou o seu estabelecimento, através de carta simples.

5 – A notificação prevista no n.º 3 considera-se efectuada no 3.º dia útil posterior ao do envio, cominação que deve constar da notificação.

6 – No caso previsto no n.º 4, é lavrada uma cota no processo com a indicação da data de expedição da carta e da morada para a qual foi enviada, considerando-se a notificação efectuada no 5.º dia posterior à data indicada, cominação que deve constar da notificação.

7 – Se o notificando se recusar a receber ou a assinar a notificação, o agente ou o distribuidor do serviço postal certifica a recusa, considerando-se efectuada a notificação.

ARTIGO 43.º – **Medidas cautelares**

1 – Quando existam fortes indícios da prática de contra-ordenação punível com coima cujo limite máximo seja igual ou superior a € 15 000 ou quando se verifique a existência de perigo de destruição de meios de prova necessários à instrução do processo de contra-ordenação ou de continuação da prática da infracção, o IMOPPI pode determinar a aplicação das seguintes medidas, considerando a gravidade da infracção e da culpa do agente:

a) Encerramento preventivo de estabelecimento, no caso de violação do disposto no n.º 1 do artigo 5.º ou de contra-ordenação relacionada com o funcionamento do estabelecimento;

b) Suspensão da apreciação de pedido de licenciamento, inscrição ou revalidação formulado, pelo infractor, junto do IMOPPI.

2 – As medidas determinadas nos termos do número anterior vigoram, consoante os casos:

a) Até ao seu levantamento pelo presidente do conselho de administração do IMOPPI ou por decisão judicial;

b) Até ao início da aplicação da sanção acessória de interdição do exercício da actividade ou de encerramento de estabelecimento.

3 – Não obstante o disposto no número anterior, as medidas cautelares referidas no n.º 1 têm a duração máxima de um ano, contado a partir da data da decisão que as imponha.

4 – É competente para conhecer a impugnação judicial das medidas cautelares determinadas pelo IMOPPI o tribunal competente para decidir do recurso da decisão proferida em processo de contra-ordenação.

ARTIGO 44.º – **Contra-ordenações**

1 – Sem prejuízo de outras sanções que se mostrem aplicáveis, constituem contra-ordenações, puníveis com aplicação das seguintes coimas:

a) De € 5 000 a € 30 000, a violação do disposto no n.º 1 do artigo 5.º, no n.º 3 do artigo 13.º e na alínea *d)* do n.º 1 do artigo 32.º;

b) De € 2 500 a € 25 000, a violação do disposto no n.º 3 do artigo 3.º, no artigo 16.º, nos n.ºˢ 2, 3 e 4 do artigo 17.º e nos n.ºˢ 3, 4 e 5 do artigo 18.º;

c) De € 1 500 a € 15 000, a violação do disposto no n.º 6 do artigo 2.º, no n.º 1 do artigo 24.º, no n.º 4 do artigo 30.º e na alínea *a)* do n.º 1 do artigo 32.º;

d) De € 1 000 a € 10 000, a violação do disposto no n.º 2 do artigo 4.º, nos n.ºˢ 1, 2, 3 e 4 do artigo 14.º, nos n.ºˢ 1, 2, 3, 4 e 5 do artigo 20.º, nas alíneas *b)* e *f)* do n.º 1 do artigo 32.º, no artigo 33.º e no n.º 3 do artigo 34.º;

e) De € 750 a € 5 000, a violação do disposto no n.º 2 do artigo 5.º, no artigo 8.º, nas alíneas *a), d), e), f), g), h)* e *j)* do n.º 1 do artigo 21.º e nas alíneas *c), e)* e *g)* do n.º 1 do artigo 32.º;

f) De € 500 a € 2 500, a violação do disposto nos n.ºˢ 1 e 2 do artigo 13.º, nas alíneas *b), c), i)* e *l)* do n.º 1 do artigo 21.º, no n.º 2 do artigo 24.º, no artigo 27.º e nas alíneas *a), d), e)* e *f)* do n.º 1 do artigo 35.º;

g) De € 250 a € 1 000, a violação dos n.ºˢ 2 e 3 do artigo 30.º e das alíneas *b), c)* e *g)* do n.º 1 do artigo 35.º

2 – A tentativa e a negligência são puníveis, sendo, nestes casos, os limites máximo e mínimo da coima reduzidos a metade.

ARTIGO 45.º – **Sanções acessórias**

1 – Quando a gravidade da infracção o justifique, podem ser aplicadas às empresas de mediação imobiliária e aos angariadores imobiliários

as seguintes sanções acessórias, nos termos do regime geral das contra-
-ordenações e coimas:
   a) Encerramento de estabelecimentos;
   b) Interdição do exercício da actividade;
   c) Privação do direito de participar em feiras ou mercados.
   2 – As sanções referidas no número anterior têm duração máxima de dois anos, contados a partir da data da decisão condenatória definitiva.

ARTIGO 46.º – **Competência para aplicação de medidas cautelares e sanções**

   1 – A instrução e a decisão dos processos de contra-ordenação são da competência do IMOPPI.
   2 – Compete ao presidente do conselho de administração do IMOPPI a aplicação das medidas cautelares, das coimas e das sanções acessórias previstas no presente diploma.
   3 – O presidente do conselho de administração do IMOPPI pode determinar a publicidade da aplicação da medida cautelar de encerramento preventivo de estabelecimento ou da sanção acessória de encerramento de estabelecimento, através da afixação de edital no estabelecimento objecto de encerramento, pelo período de duração da mesma.

ARTIGO 47.º – **Competência para execução de medidas cautelares e sanções**

   1 – As coimas aplicadas em processo de contra-ordenação são cobradas coercivamente em processo de execução fiscal.
   2 – Compete ao IMOPPI a execução das medidas cautelares previstas no artigo 43.º, bem como das sanções acessórias previstas no artigo 45.º
   3 – Sem prejuízo do disposto no número anterior, pode o IMOPPI confiar a execução de medidas cautelares e sanções acessórias às autoridades policiais.

ARTIGO 48.º – **Produto das coimas**

   O produto das coimas recebidas por infracção ao disposto no presente diploma reverte em 60% para os cofres do Estado e em 40% para o IMOPPI.

SECÇÃO II – **Responsabilidade criminal**

ARTIGO 49.º – **Responsabilidade por ilícitos criminais**

1 – O não cumprimento da medida cautelar ou de sanção acessória previstas, respectivamente, na alínea a) do n.º 1 do artigo 43.º e no artigo 45.º, quando regularmente determinadas e comunicadas pelo IMOPPI, integra o crime de desobediência, previsto no artigo 348.º do Código Penal.

2 – A prestação de falsas declarações ou falsas informações escritas, no âmbito dos procedimentos administrativos previstos no presente diploma, por empresário em nome individual, administrador, gerente ou director de sociedade comercial, integra o crime de falsificação de documento, previsto no artigo 256.º do Código Penal.

ARTIGO 50.º – **Menções especiais**

1 – A escritura pública ou documento particular que titule negócio sobre bem imóvel deve mencionar se o mesmo foi objecto de intervenção de mediador imobiliário, com indicação, em caso afirmativo, da respectiva denominação social e número de licença, bem como a advertência das consequências penais previstas no n.º 2 a que os outorgantes ficam sujeitos, devendo o notário, para o efeito, exarar o que aqueles houverem declarado.

2 – Quem, depois de ter sido advertido das consequências penais a que se expõe, recusar prestar, omitir ou falsear as informações previstas no n.º 1, perante notário ou funcionário nomeado para sua substituição, incorre na pena prevista para o crime de falsidade de depoimento ou declaração.

3 – Quando haja indícios da intervenção, na mediação de negócios sobre bens imóveis de pessoa singular ou colectiva que não seja titular de licença para o exercício da actividade de mediação imobiliária, o notário deve enviar ao IMOPPI, até ao dia 15 de cada mês, cópia das respectivas escrituras notariais para efeitos de averiguação da prática de contra-ordenação.

CAPÍTULO VI – **Disposições finais e transitórias**

ARTIGO 51.º – **Idioma dos documentos**

Os requerimentos e demais documentos referidos no presente diploma devem ser redigidos em língua portuguesa ou, quando for utilizado outro idioma, acompanhados de tradução legal, nos termos previstos no Código do Notariado.

ARTIGO 52.º – **Actos sujeitos a publicação**

1 – O IMOPPI promoverá a publicação na 2.ª série do *Diário da República* das licenças emitidas e canceladas, das inscrições em vigor e canceladas e das sanções aplicadas.

2 – As sanções previstas nos artigos 44.º e 45.º do presente diploma devem ser publicitadas pelo IMOPPI em jornal de difusão nacional, regional ou local, de acordo com a área de actividade da empresa ou do angariador imobiliário.

3 – As sanções previstas nos artigos 44.º e 45.º bem como as licenças suspensas e canceladas e as inscrições canceladas são ainda publicitadas no sítio oficial do IMOPPI, na Internet.

ARTIGO 53.º – **Disposição transitória**

1 – As empresas licenciadas à data da entrada em vigor do presente diploma que não cumpram o disposto na alínea *b*) do n.º 1 do artigo 6.º dispõem do período máximo de 180 dias, contados a partir da data de entrada em vigor das portarias previstas nos artigos 7.º, 23.º e 36.º, para procederem à alteração do objecto social e, quando necessário, da respectiva denominação.

2 – Sem prejuízo do cumprimento de outras obrigações legais, as modificações estatutárias mencionadas no número anterior e efectuadas até ao termo do período aí fixado ficam dispensadas da escritura pública prevista no n.º 3 do artigo 85.º do Código das Sociedades Comerciais, sendo prova bastante das mesmas, para efeitos de registo comercial, a apresentação da acta da assembleia geral de que conste a respectiva deliberação.

3 – O incumprimento do disposto no n.º 1 determina a caducidade do direito ao exercício da actividade de mediação imobiliária, bem como da respectiva licença, aplicando-se, com as necessárias adaptações, o disposto no artigo 13.º

4 – As entidades que, à data de entrada em vigor do presente diploma, pretendam continuar a exercer a actividade definida no artigo 4.º, devem requerer ao IMOPPI a inscrição nessa qualidade, no prazo máximo

de 90 dias contados a partir da data de entrada em vigor das portarias previstas nos artigos 7.º, 23.º e 36.º

5 – Até ao termo do procedimento de inscrição previsto no número anterior, o requerimento, acompanhado dos documentos comprovativos do preenchimento dos requisitos constantes das alíneas *a*), *b*) e *d*) do n.º 1 do artigo 25.º, constitui título bastante para o exercício da actividade de angariação imobiliária.

ARTIGO 54.º – **Regime transitório da capacidade profissional**

1 – Sem prejuízo do disposto nos números seguintes, às empresas titulares de licença emitida em data anterior à entrada em vigor do presente diploma, bem como às empresas que hajam requerido o licenciamento e o respectivo procedimento não tenha sido objecto de decisão final, é aplicável o regime de comprovação de capacidade profissional previsto no Decreto-Lei n.º 77/99, de 16 de Março, regulado pela Portaria n.º 204/2000, de 5 de Abril, sem prejuízo da obrigação de formação contínua, conforme estabelecido na portaria prevista no artigo 7.º

2 – A requerimento do interessado, pode o IMOPPI autorizar que aos procedimentos em curso se aplique o regime de comprovação da capacidade profissional constante do presente diploma.

3 – Em caso de substituição dos administradores, gerentes ou directores que assegurem a capacidade profissional das empresas mencionadas no n.º 1 devem as entidades aí referidas cumprir o preceituado no artigo 7.º

ARTIGO 55.º – **Caução**

1 – A caução prestada nos termos do disposto no Decreto-Lei n.º 77//99, de 16 de Março, será devolvida a requerimento das empresas, uma vez verificados, cumulativamente:

a) O decurso do prazo de um ano sobre a data de entrada em vigor do presente diploma ou sobre a data da cessação da respectiva actividade, se esta ocorrer em momento anterior;

b) A conclusão de todos os processos de accionamento de caução pendentes na data prevista na alínea anterior, caso existam.

2 – Até à devolução da caução compete ao IMOPPI decidir o accionamento da mesma a requerimento dos interessados, nos termos do disposto no artigo 27.º do Decreto-Lei n.º 77/99, de 16 de Março.

3 – Para efeitos de accionamento da caução relevam, apenas, os factos ocorridos até à data de entrada em vigor do presente diploma.

4 – Sem prejuízo do disposto nos números anteriores, é extinta a obrigação de prestação de caução.

ARTIGO 56.º – **Modelos e impressos**

Os modelos e impressos a utilizar em cumprimento do disposto no presente diploma, bem como os respectivos preços, serão aprovados pelo conselho de administração do IMOPPI.

ARTIGO 57.º – **Revogação**

1 – Sem prejuízo do disposto no artigo 54.º e no n.º 2 do artigo 55.º, é revogado o Decreto-Lei n.º 77/99, de 16 de Março.

2 – Sem prejuízo do disposto no número seguinte, após a entrada em vigor das portarias previstas no presente diploma, são revogadas as Portarias n.ºs 952/99, de 29 de Outubro, 957/99, de 30 de Outubro, e 1120/2001, de 24 de Setembro.

3 – Para efeitos de aplicação do disposto no artigo 54.º, mantém-se em vigor a Portaria n.º 204/2000, de 5 de Abril.

ARTIGO 58.º – **Entrada em vigor**

O presente diploma entra em vigor 30 dias após a sua publicação.

PORTARIA N.º 1324/2004
DE 19 DE OUTUBRO

Fixa o montante mínimo de seguro de responsabilidade civil na actividade imobiliária

O Decreto-Lei n.º 211/2004, de 20 de Agosto, que estabelece o regime jurídico do exercício das actividades de mediação imobiliária e de angariação imobiliária, determina, na alínea e) do n.º 1 do artigo 6.º e no artigo 23.º, que as empresas de mediação imobiliária são obrigadas a realizar um contrato de seguro de responsabilidade civil para garantia da responsabilidade emergente da sua actividade.

Nos termos do n.º 1 do artigo 23.º do citado diploma, o montante mínimo desta garantia é fixado por portaria conjunta dos ministros que tutelam o Instituto dos Mercados de Obras Públicas e Particulares e do Imobiliário, o Instituto de Seguros de Portugal e a defesa do consumidor.

Assim:

Ao abrigo do disposto no n.º 1 do artigo 23.º do Decreto-Lei n.º 211/2004, de 20 de Agosto:

Manda o Governo, pelos Ministros das Finanças e da Administração Pública, das Cidades, Administração Local, Habitação e Desenvolvimento Regional, das Obras Públicas, Transportes e Comunicações e Adjunto do Primeiro-Ministro, o seguinte:

1.º O montante mínimo do contrato de seguro de responsabilidade civil a celebrar nos termos do n.º 1 do artigo 23.º do Decreto-Lei n.º 211/2004, de 20 de Agosto, é de € 150 000.

2.º A presente portaria produz efeitos à data da entrada em vigor do Decreto-Lei n.º 211/2004, de 20 de Agosto.

PORTARIA N.º 1326/2004
DE 19 DE OUTUBRO

Define a avaliação da capacidade profissional, bem como os critérios de adequação da formação, no acesso e permanência nas actividades de mediação imobiliária e angariação imobiliária

O Decreto-Lei n.º 211/2004, de 20 de Agosto, que estabelece o regime jurídico do exercício das actividades de mediação imobiliária e de angariação imobiliária, determina que o acesso e permanência naquelas actividades dependem da comprovação de capacidade profissional.

Nos termos dos artigos 7.º e 26.º do mesmo diploma, a avaliação da capacidade profissional bem como os critérios de adequação da formação, são definidos por portaria conjunta dos ministros que tutelam o Instituto dos Mercados de Obras Públicas e Particulares e do Imobiliário (IMOPPI), o ensino superior e a formação profissional.

Assim:

Ao abrigo do disposto nos artigos 7.º e 26.º do Decreto-Lei n.º 211/2004, de 20 de Agosto:

Manda o Governo, pelos Ministros de Estado, das Actividades Económicas e do Trabalho, das Cidades, Administração Local, Habitação e Desenvolvimento Regional, da Ciência, Inovação e Ensino Superior e das Obras Públicas, Transportes e Comunicações, o seguinte:

1.º – Objecto

A presente portaria estabelece a avaliação da capacidade profissional, bem como os critérios de adequação da formação, no acesso e permanência nas actividades de mediação imobiliária e de angariação imobiliária.

2.º – Capacidade profissional no licenciamento da actividade de mediação imobiliária

1 – Para efeitos de obtenção de licença, a capacidade profissional consiste na posse, por um dos administradores, gerentes ou directores, de ensino secundário completo ou equivalente e formação inicial.

2 – Ficam dispensados de comprovar formação inicial os administradores, gerentes ou directores que possuam grau de bacharel ou de licenciado em curso cujo plano curricular integre, como vertente dominante, formação numa das áreas definidas no n.º 1 do n.º 8.º

3 – A capacidade profissional pode igualmente ser comprovada por técnico, vinculado à empresa por contrato de trabalho a tempo completo, que possua as habilitações literárias previstas no número anterior.

4 – Nos casos previstos nos n.ºˢ 2 e 3, a capacidade profissional depende ainda da comprovação da realização, no decurso do último ano, de formação contínua, na modalidade prevista na alínea d) do n.º 2 do n.º 9.º, sempre que a empresa requerente tenha sido titular de licença para o exercício da actividade de mediação imobiliária há menos de dois anos e esta tenha sido cancelada ou tenha caducado por não ter sido requerida a respectiva revalidação ou por ter sido indeferido o pedido de revalidação.

5 – Em caso de sociedades que não tenham a sua sede em Portugal, a capacidade profissional é conferida pelos mandatários ou por técnico das respectivas representações.

3.º – Substituição da pessoa que confere capacidade profissional na actividade de mediação imobiliária

1 – Em caso de substituição da pessoa que confere capacidade profissional à empresa, deve ser cumprido o disposto no número anterior.

2 – Caso esteja pendente procedimento de revalidação, a comprovação de formação contínua na modalidade prevista na alínea d) do n.º 2 do n.º 9.º dispensa a exigência da formação inicial.

4.º – Revalidação da licença do exercício da actividade de mediação imobiliária

Para efeitos de revalidação da licença, a capacidade profissional depende da comprovação de que a pessoa que detém as qualificações previstas no n.º 2.º realizou formação contínua, nos últimos três anos de vigência da respectiva licença, nos termos definidos na presente portaria.

5.º – Capacidade profissional na inscrição na actividade de angariação imobiliária

1 – Para efeitos de inscrição para o exercício da actividade de angariação imobiliária, a capacidade profissional consiste na posse de escolaridade mínima obrigatória e formação inicial.

2 – Quando a escolaridade mínima obrigatória for inferior a nove anos de escolaridade, deve ainda o interessado fazer prova da posse de dois anos de experiência profissional, adquirida em empresas de mediação imobiliária ou de outras actividades do sector imobiliário, através do exercício de funções de gerência, administrativas ou na área comercial.

3 – Ficam dispensados de comprovar formação inicial os interessados que possuam grau de bacharel ou de licenciado em curso cujo plano curricular integre, como vertente dominante, formação numa das áreas definidas no n.º 2 do n.º 8.º

4 – Nos casos previstos no número anterior, a capacidade profissional depende ainda da comprovação da realização de formação contínua, no decurso do último ano, na modalidade prevista na alínea d) do n.º 2 do n.º 9.º, sempre que o interessado tenha estado inscrito para o exercício da actividade de angariação imobiliária, há menos de dois anos, e a inscrição tenha sido cancelada ou tenha caducado por não ter sido requerida a respectiva revalidação ou por ter sido indeferido o pedido de revalidação.

6.º – Manutenção de inscrição na actividade de angariação imobiliária

Para efeitos de revalidação da inscrição, a capacidade profissional depende da comprovação da realização de formação contínua, nos últimos três anos de vigência da respectiva inscrição, nos termos definidos na presente portaria.

7.º – Formação inicial

1 – A formação inicial adquire-se através da aprovação em exame.

2 – Os exames a que se refere o número anterior são realizados nos termos de regulamento a aprovar pelo Instituto dos Mercados de Obras Públicas e Particulares e do Imobiliário (IMOPPI).

3 – As matérias objecto do exame previsto no n.º 1 são definidas por despacho do ministro que tutela o IMOPPI.

4 – Para efeitos de obtenção de licença para o exercício da actividade de mediação imobiliária ou de inscrição para o exercício da actividade de angariação imobiliária, a formação inicial só é relevante quando tenha sido realizada há menos de um ano.

8.º – Dispensa de formação inicial

1 – A dispensa de formação inicial, para o exercício da actividade de mediação imobiliária, depende da posse de grau de bacharel ou de licenciado em curso cujo plano curricular integre formação, como vertente dominante, numa das seguintes áreas:
   a) Actividades imobiliárias;
   b) Direito;
   c) Solicitadoria;
   d) Ordenamento do território;
   e) Urbanismo e planeamento;
   f) Arquitectura;
   g) Engenharia civil;
   h) Engenharia de construção.

2 – A dispensa de formação inicial, para o exercício da actividade de angariação imobiliária, depende da posse de grau de bacharel ou de licenciado em curso cujo plano curricular integre formação, como vertente dominante, numa das seguintes áreas:
   a) Economia;
   b) Actividades imobiliárias;
   c) Administração;
   d) Gestão de empresas;
   e) Gestão financeira;
   f) Gestão de pessoal;
   g) Direito;
   h) Solicitadoria;
   i) Ordenamento do território;
   j) Urbanismo e planeamento;
   l) Arquitectura;
   m) Engenharia civil;
   n) Engenharia de construção.

3 – O disposto nos números anteriores é igualmente aplicável aos detentores de grau de mestre ou de doutor em curso cujo plano curricular integre, como vertente dominante, formação numa das áreas aí definidas.

4 – Compete ao IMOPPI determinar, mediante análise do curriculum do curso, a adequação das habilitações literárias, para efeitos de dispensa da realização de formação inicial.

9.º – Conteúdo e modalidades da formação contínua

1 – As acções de formação contínua devem incidir sobre conteúdos programáticos relativos ao regime jurídico regulador das actividades de mediação imobiliária e angariação imobiliária, sem prejuízo de outros conteúdos considerados relevantes pelo IMOPPI, nomeadamente actos e contratos, registos e notariado, fiscalidade, financiamentos bancários, seguros, técnicas e patologias da construção, urbanismo e estudos de mercado.

2 – As acções de formação contínua revestem as modalidades seguintes:

a) Cursos de formação;

b) Frequência, com aproveitamento, de disciplinas de cursos de pós-graduação ou de cursos de ensino superior;

c) Assistência a conferências, simpósios e eventos congéneres;

d) Realização do exame previsto no n.º 7.º

3 – Compete ao IMOPPI determinar a adequação das acções de formação, para efeitos de comprovação do requisito de capacidade profissional.

10.º – Critérios de ponderação da formação contínua

1 – Sem prejuízo do disposto no n.º 6.º, às acções de formação contínua são atribuídos créditos, de acordo com a modalidade de formação realizada pelo interessado.

2 – A formação contínua deve corresponder, no mínimo, a seis créditos.

3 – A realização de acção de formação na modalidade prevista na alínea *a)* do n.º 2 do número anterior corresponde a dois créditos por cada dez horas de formação em sala.

4 – A realização de acção de formação na modalidade prevista na alínea *b)* do n.º 2 do número anterior corresponde a seis créditos por cada disciplina realizada com aproveitamento.

5 – A realização de acção de formação na modalidade prevista na alínea c) do n.º 2 do número anterior corresponde a um crédito por cada evento.

6 – A comprovação de formação contínua na modalidade prevista na alínea d) do n.º 2 do número anterior depende da aprovação em exame.

11.º – **Habilitações estrangeiras**

As habilitações estrangeiras são consideradas ou validadas, para efeitos de comprovação de capacidade profissional, após o respectivo reconhecimento ou equivalência em Portugal.

12.º – **Entrada em vigor**

1 – A presente portaria produz efeitos à data da entrada em vigor do Decreto-Lei n.º 211/2004, de 20 de Agosto.

2 – O n.º 4 do n.º 2.º, o n.º 2 do n.º 3.º, o n.º 4.º e o n.º 4 do n.º 5.º entram em vigor em 1 de Janeiro de 2006.

PORTARIA N.º 1327/2004
DE 19 DE OUTUBRO

Regulamenta os procedimentos administrativos previstos no Decreto-Lei n.º 211/2004, de 20 de Agosto, que regula o regime jurídico das actividades de mediação imobiliária e de angariação imobiliária

O Decreto-Lei n.º 211/2004, de 20 de Agosto, que estabelece o regime jurídico do exercício das actividades de mediação imobiliária e de angariação imobiliária, determina, no n.º 1 do artigo 36.º, que os procedimentos administrativos nele previstos, bem como os demais tendentes à boa execução do mesmo, estão sujeitos ao pagamento de taxas destinadas a cobrir os encargos com a gestão do sistema de ingresso e permanência nas actividades, bem como com a sua fiscalização.

De acordo com o disposto no n.º 2 do mesmo artigo, os procedimentos administrativos acima referidos são fixados por portaria do ministro que tutela o Instituto dos Mercados de Obras Públicas e Particulares e do Imobiliário.

Assim:

Ao abrigo do disposto no n.º 2 do artigo 36.º do Decreto-Lei n.º 211/2004, de 20 de Agosto:

Manda o Governo, pelos Ministros das Cidades, Administração Local, Habitação e Desenvolvimento Regional e das Obras Públicas, Transportes e Comunicações, o seguinte:

1.º – **Licenciamento**

1 – O pedido de licenciamento para o exercício da actividade de mediação imobiliária é formulado em requerimento dirigido ao presidente do conselho de administração do Instituto dos Mercados de Obras Públicas e Particulares e do Imobiliário (IMOPPI), do qual deve constar:

a) A identificação da requerente, com indicação da denominação social, do número de identificação de pessoa colectiva, do tipo, da sede, do objecto social, do número de matrícula e da conservatória do registo comercial em que a sociedade se encontra registada, bem como das marcas e nomes comerciais usados no exercício da actividade;

b) A identificação dos administradores, gerentes ou directores ou, tratando-se de sociedade com sede efectiva noutro Estado da União Europeia, dos mandatários da respectiva representação permanente em Portugal.

2 – O requerimento referido no número anterior deve ser acompanhado dos seguintes documentos:

a) Cartão de identificação de pessoa colectiva;

b) Certidão, emitida pela competente conservatória do registo comercial, da matrícula e de todas as inscrições em vigor da requerente ou, tratando-se de sociedade com sede efectiva noutro Estado da União Europeia, da criação da respectiva representação permanente em Portugal, com todas as inscrições em vigor;

c) Bilhete de identidade dos administradores, gerentes ou directores ou, tratando-se de sociedade com sede efectiva noutro Estado da União Europeia, dos mandatários da respectiva representação permanente em Portugal;

d) Certificado do registo criminal dos administradores, gerentes ou directores ou, tratando-se de sociedade com sede efectiva noutro Estado da União Europeia, dos mandatários da respectiva representação permanente em Portugal;

e) Declaração de todos os administradores, gerentes ou directores em como não se encontram em qualquer das situações previstas no n.º 3 do artigo 6.º do Decreto-Lei n.º 211/2004, de 20 de Agosto, ou, tratando-se de sociedade com sede efectiva noutro Estado da União Europeia, declaração dos mandatários da respectiva representação permanente em Portugal;

f) Nos casos previstos no n.º 3 do artigo 7.º do Decreto-Lei n.º 211/2004, de 20 de Agosto, bilhete de identidade do técnico que confere capacidade profissional à empresa;

g) Nos casos previstos no n.º 3 do artigo 7.º do Decreto-Lei n.º 211/2004, de 20 de Agosto, declaração de remunerações, recibo de vencimento ou documento de idêntica natureza que comprove a existência de contrato de trabalho entre a empresa e o técnico que lhe confere capacidade profissional;

h) Documentos comprovativos das habilitações literárias, exigidas nos termos do disposto na alínea *d)* do n.º 1 do artigo 6.º e dos n.ºˢ 1 e 3 do artigo 7.º do Decreto-Lei n.º 211/2004, de 20 de Agosto;

i) Apólice do seguro a que se refere o artigo 23.º do Decreto-Lei n.º 211/2004, de 20 de Agosto;

j) Documento, emitido pela entidade competente, comprovativo da regularidade da respectiva situação perante a segurança social ou, tratando-se de empresa constituída há menos de seis meses, comprovativo da respectiva inscrição;

l) Documento, emitido pela repartição de finanças da área da sede da requerente, comprovativo da regularidade da respectiva situação fiscal ou, tratando-se de empresa constituída há menos de seis meses, fotocópia da declaração de inscrição no registo/início de actividade, conforme entregue na repartição de finanças;

m) Tratando-se de entidade constituída em ano anterior àquele em que é formulado o pedido, documento comprovativo de que a empresa possui capitais próprios positivos, subscrito pelos representantes legais que obrigam a empresa e pelo respectivo técnico oficial de contas, fazendo prova da sua qualidade;

n) Declaração contendo a localização dos estabelecimentos onde é efectuado o atendimento do público.

3 – Quando a requerente for empresa constituída há menos de seis meses, a certidão a que se refere a alínea *b)* do n.º 2 pode ser substituída pelo contrato de sociedade, acompanhado de fotocópia do pedido de registo, sem prejuízo de ser exigível a sua apresentação posterior.

4 – O documento a que se refere a alínea *i)* do n.º 2 pode ser apresentado no prazo previsto no n.º 7 do presente número.

5 – O pedido de licenciamento é apreciado no prazo máximo de 30 dias a contar da data da sua entrada no IMOPPI.

6 – O prazo previsto no número anterior suspende-se sempre que a requerente seja notificada para suprir deficiências, prestar esclarecimentos ou juntar outros documentos, pelo período que for fixado, o qual não pode exceder 30 dias.

7 – Sem prejuízo do disposto no n.º 4, uma vez comprovados todos os requisitos estabelecidos no artigo 6.º do Decreto-Lei n.º 211/2004, de 20 de Agosto, a requerente é notificada para, no prazo de 15 dias a contar da emissão da respectiva guia, proceder ao pagamento da taxa aplicável,

bem como ao pagamento das coimas aplicadas por decisão tornada definitiva, cujo pagamento não haja sido efectuado.

8 – A decisão que recair sobre o pedido é proferida no prazo máximo de 15 dias a contar do termo dos prazos previstos nos números anteriores.

9 – No caso de deferimento do pedido de licenciamento, o IMOPPI procede à emissão da respectiva licença e dos cartões de identificação dos administradores, gerentes ou directores, previstos nos n.ºs 1 e 2 do artigo 5.º do Decreto-Lei n.º 211/2004, de 20 de Agosto, no prazo máximo de 10 dias.

2.º – Revalidação de licença

1 – O pedido de revalidação da licença é formulado em requerimento do qual deverá constar a declaração de que a entidade reúne os requisitos previstos no artigo 6.º do Decreto-Lei n.º 211/2004, de 20 de Agosto.

2 – O requerimento a que se refere o número anterior é acompanhado dos seguintes documentos:

a) Certificado do registo criminal dos administradores, gerentes ou directores ou, tratando-se de sociedade com sede efectiva noutro Estado da União Europeia, dos mandatários da respectiva representação permanente em Portugal;

b) Documento, emitido pela entidade competente, comprovativo da regularidade da respectiva situação perante a segurança social;

c) Documento, emitido pela repartição de finanças da área da sede da requerente, comprovativo da regularidade da respectiva situação fiscal;

d) Documento comprovativo de que a empresa possui capitais próprios positivos, subscrito pelos representantes legais que obrigam a sociedade e pelo respectivo técnico oficial de contas, fazendo prova da sua qualidade;

e) Documento comprovativo da realização de formação contínua.

3 – O pedido de revalidação da licença é apreciado no prazo máximo de 30 dias a contar da data da sua entrada no IMOPPI.

4 – O prazo previsto no número anterior suspende-se sempre que a requerente seja notificada para suprir deficiências, prestar esclarecimentos ou juntar outros documentos, pelo período que for fixado, o qual não poderá exceder 20 dias.

5 – Quando se verificar a manutenção de todos os requisitos estabelecidos no artigo 6.º do Decreto-Lei n.º 211/2004, de 20 de Agosto,

a requerente é notificada para, no prazo de 15 dias a contar da emissão da respectiva guia, proceder ao pagamento da taxa aplicável, bem como ao pagamento das coimas aplicadas por decisão tornada definitiva, das taxas devidas pelos registos de alteração de sede, alteração de denominação social e abertura de estabelecimentos, cujo pagamento não haja sido efectuado.

6 – A decisão que recair sobre o pedido de revalidação da licença é proferida no prazo máximo de 10 dias a contar do termo dos prazos previstos nos números anteriores.

7 – No caso de deferimento do pedido, o IMOPPI procede à revalidação da licença e dos cartões de identificação dos administradores, gerentes ou directores, nos termos do n.º 3 do artigo 5.º do Decreto-Lei n.º 211/2004, de 20 de Agosto, no prazo máximo de 10 dias.

3.º – Renovação de seguro

Até ao termo da validade do seguro de responsabilidade civil a que se refere o artigo 23.º do Decreto-Lei n.º 211/2004, de 20 de Agosto, as empresas devem proceder à renovação do mesmo e enviar ao IMOPPI o respectivo documento comprovativo.

4.º – Suspensão de licença

1 – O pedido de suspensão da licença, a que se refere a alínea *a)* do n.º 1 do artigo 11.º do Decreto-Lei n.º 211/2004, de 20 de Agosto, é formulado em requerimento, devendo ser acompanhado da respectiva licença e dos cartões de identificação dos administradores, gerentes ou directores.

2 – No caso de os documentos mencionados no número anterior não serem entregues com o requerimento de suspensão, devem ser remetidos ao IMOPPI no prazo de oito dias a contar da decisão de suspensão, sob pena de apreensão imediata pelas autoridades competentes.

3 – A suspensão da licença a que se refere a alínea *a)* do n.º 1 do artigo 11.º do Decreto-Lei n.º 211/2004, de 20 de Agosto, é levantada a requerimento do interessado, até ao termo do período de suspensão, podendo o IMOPPI solicitar a junção de documentos comprovativos dos requisitos de ingresso na actividade, sob pena de indeferimento e de cancelamento da respectiva licença, de acordo com o disposto no n.º 3 do artigo 11.º e na alínea *b)* do artigo 12.º daquele diploma.

4 – A suspensão da licença a que se refere a alínea b) do n.º 1 do artigo 11.º do Decreto-Lei n.º 211/2004, de 20 de Agosto, é levantada após a comprovação, até ao termo do período de suspensão, dos requisitos de ingresso na actividade, sob pena de cancelamento da respectiva licença, de acordo com o disposto no n.º 3 do artigo 11.º e na alínea b) do artigo 12.º daquele diploma.

5.º – Cancelamento de licença

1 – O pedido de cancelamento da licença, a que se refere a alínea a) do artigo 12.º do Decreto-Lei n.º 211/2004, de 20 de Agosto, é formulado em requerimento, devendo ser acompanhado da respectiva licença, dos cartões de identificação dos administradores, gerentes e directores e da declaração de alteração ou cessação de actividade, conforme entregue na competente repartição de finanças.

2 – No caso de os documentos mencionados no número anterior não serem entregues com o requerimento de cancelamento, devem ser remetidos ao IMOPPI no prazo de oito dias a contar da decisão de cancelamento, sob pena de apreensão imediata pelas autoridades competentes.

6.º – Devolução de caução

O pedido de devolução da caução, previsto no artigo 55.º do Decreto-Lei n.º 211/2004, de 20 de Agosto, só será deferido um ano após a entrada em vigor daquele diploma ou, estando pendente processo de accionamento de caução, verificado que seja o seu termo.

7.º – Estabelecimento e livro de reclamações

1 – A comunicação de abertura, encerramento ou alteração da localização dos estabelecimentos, prevista nos n.ºˢ 2 e 3 do artigo 14.º do Decreto-Lei n.º 211/2004, de 20 de Agosto, é efectuada por declaração.

2 – A abertura de novos estabelecimentos depende ainda do pagamento da taxa aplicável, bem como da existência dos respectivos livros de reclamações.

3 – O livro de reclamações é exclusivamente afecto a um estabelecimento, com indicação da respectiva localização.

4 – Em caso de extravio ou destruição do livro de reclamações, a empresa de mediação deve, no dia útil imediato, comunicar esse facto ao IMOPPI mediante declaração e adquirir um novo livro, do qual constará a expressão «segunda via», com a referência ao fundamento da sua emissão.

5 – As reclamações efectuadas nos termos do artigo 20.° do Decreto--Lei n.° 211/2004, de 20 de Agosto, devem ser enviadas ao IMOPPI, no prazo máximo de cinco dias a contar da sua ocorrência, acompanhadas dos elementos que a empresa entenda adequados para efeitos da respectiva apreciação.

8.° – **Registo de contratos**

1 – O registo a que se refere a alínea *e*) do n.° 1 do artigo 21.° do Decreto-Lei n.° 211/2004, de 20 de Agosto, deve conter as seguintes menções:
 a) O número atribuído ao contrato registado;
 b) A data de celebração do contrato;
 c) O prazo de duração do contrato;
 d) O regime de contratação;
 e) A identificação do bem imóvel que constitui objecto material do contrato;
 f) A identificação e valor do negócio visado pelo contrato;
 g) A indicação do montante ou percentagem da remuneração acordada;
 h) A quantia efectivamente auferida a título de remuneração.

2 – As menções a que se refere o número anterior devem ser inscritas em livro logo após a celebração do contrato de mediação imobiliária e completadas com a informação relativa à concretização, ou não, do negócio visado pelo contrato de mediação, nos seguintes termos:
 a) Imediatamente após a concretização do negócio visado pelo contrato de mediação, se for o caso;
 b) Imediatamente após o termo do contrato de mediação, caso o negócio por ele visado não se concretize.

3 – O livro de registos deve possuir as folhas numeradas e termo de abertura datado e assinado pela empresa de mediação.

9.° – **Inscrição**

1 – O pedido de inscrição para o exercício da actividade de angariação imobiliária é formulado em requerimento dirigido ao presidente do

conselho de administração do IMOPPI, do qual deve constar a identificação do requerente, com indicação da firma, do número de contribuinte e do domicílio, bem como das marcas e nomes comerciais usados no exercício da actividade.

2 – O requerimento referido no número anterior deve ser acompanhado dos seguintes documentos:

　　a) Cartão de identificação de empresário em nome individual;
　　b) Bilhete de identidade;
　　c) Certificado do registo criminal;
　　d) Declaração do requerente em como não se encontra em qualquer das situações previstas no n.º 2 do artigo 25.º do Decreto-Lei n.º 211/ /2004, de 20 de Agosto;
　　e) Documentos comprovativos das habilitações literárias e experiência profissional, quando exigida, previstas na alínea *c*) do n.º 1 do artigo 25.º e nos n.ºs 1 e 3 do artigo 26.º do Decreto-Lei n.º 211/2004, de 20 de Agosto;
　　f) Documento, emitido pela entidade competente, comprovativo da regularidade da respectiva situação perante a segurança social ou, tendo iniciado a actividade há menos de seis meses, comprovativo da respectiva inscrição;
　　g) Documento, emitido pela repartição de finanças da área do domicílio do requerente, comprovativo da regularidade da respectiva situação fiscal ou, tendo iniciado a actividade há menos de seis meses, fotocópia da declaração de inscrição no registo/início de actividade, conforme entregue na repartição de finanças.

3 – O pedido de inscrição é apreciado no prazo máximo de 30 dias a contar da data da sua entrada no IMOPPI.

4 – O prazo previsto no número anterior suspende-se sempre que o requerente seja notificado para suprir deficiências, prestar esclarecimentos ou juntar outros documentos, pelo período que for fixado, o qual não poderá exceder 30 dias.

5 – Uma vez comprovados todos os requisitos estabelecidos no artigo 25.º do Decreto-Lei n.º 211/2004, de 20 de Agosto, o requerente é notificado para, no prazo de 15 dias a contar da emissão da respectiva guia, proceder ao pagamento da taxa aplicável, bem como ao pagamento das coimas aplicadas por decisão tornada definitiva, cujo pagamento não haja sido efectuado.

6 – A decisão que recair sobre o pedido é proferida no prazo máximo de 10 dias a contar do termo dos prazos previstos nos números anteriores.

7 – No caso de deferimento do pedido de inscrição, o IMOPPI procede à emissão do respectivo cartão de identificação, previsto no n.º 2 do artigo 24.º do Decreto-Lei n.º 211/2004, de 20 de Agosto, no prazo máximo de 10 dias.

10.º – Revalidação da inscrição

1 – O pedido de revalidação da inscrição é formulado em requerimento do qual deverá constar a declaração de que o requerente reúne os requisitos previstos no artigo 25.º do Decreto-Lei n.º 211/2004, de 20 de Agosto.

2 – O requerimento a que se refere o número anterior deve ser acompanhado dos seguintes documentos:
 a) Certificado do registo criminal;
 b) Documento, emitido pela entidade competente, comprovativo da regularidade da respectiva situação perante a segurança social;
 c) Documento, emitido pela repartição de finanças da área do domicílio do requerente, comprovativo da regularidade da respectiva situação fiscal;
 d) Documento comprovativo da realização de formação contínua.

3 – O pedido de revalidação da inscrição é apreciado no prazo máximo de 30 dias a contar da data da sua entrada no IMOPPI.

4 – O prazo previsto no número anterior suspende-se sempre que o requerente seja notificado para suprir deficiências, prestar esclarecimentos ou juntar outros documentos, pelo período que for fixado, o qual não poderá exceder 20 dias.

5 – Quando se verificar a manutenção de todos os requisitos estabelecidos no artigo 25.º do Decreto-Lei n.º 211/2004, de 20 de Agosto, o requerente é notificado para, no prazo de 15 dias a contar da emissão da respectiva guia, proceder ao pagamento da taxa aplicável, bem como ao pagamento das coimas aplicadas por decisão tornada definitiva e das taxas devidas pelos registos de alteração de firma e domicílio, cujo pagamento não haja sido efectuado.

6 – A decisão que recair sobre o pedido de revalidação da inscrição é proferida no prazo máximo de 10 dias a contar do termo dos prazos previstos nos números anteriores.

7 – No caso de deferimento do pedido, o IMOPPI procede à revalidação da inscrição e do cartão de identificação, nos termos do n.º 3

do artigo 24.º do Decreto-Lei n.º 211/2004, de 20 de Agosto, no prazo máximo de 10 dias.

11.º – Cancelamento de inscrição

1 – O pedido de cancelamento da inscrição, a que se refere a alínea *a)* do artigo 30.º do Decreto-Lei n.º 211/2004, de 20 de Agosto, é formulado em requerimento, devendo ser acompanhado do respectivo cartão de identificação e da declaração de alteração ou cessação de actividade, conforme tenha sido entregue na repartição de finanças.

2 – No caso de os documentos mencionados no número anterior não serem entregues com o requerimento de cancelamento, devem ser remetidos ao IMOPPI no prazo de oito dias a contar da decisão de cancelamento, sob pena de apreensão imediata pelas autoridades competentes.

12.º – Comunicação de alterações

1 – As comunicações previstas nas alíneas *a)* e *c)* do n.º 1 do artigo 21.º e nas alíneas *a)* e *c)* do artigo 35.º do Decreto-Lei n.º 211/2004, de 20 de Agosto, são efectuadas por declaração e devem ser acompanhadas dos documentos comprovativos das alterações.

2 – As comunicações previstas na alínea *b)* do n.º 1 do artigo 21.º e na alínea *b)* do artigo 35.º do Decreto-Lei n.º 211/2004, de 20 de Agosto, são efectuadas por declaração.

3 – As comunicações previstas nos números anteriores são apreciadas no prazo máximo de 20 dias a contar da data da sua entrada no IMOPPI.

4 – O prazo previsto no número anterior suspende-se sempre que o requerente seja notificado para suprir deficiências, prestar esclarecimentos ou juntar outros documentos, pelo período que for fixado, o qual não poderá exceder 10 dias.

5 – Após a apreciação e comprovação das comunicações efectuadas, o requerente é notificado, quando aplicável, para proceder ao pagamento da taxa no prazo de 15 dias a contar da emissão da respectiva guia.

13.º – Licença

A licença é titulada por documento, do qual deve constar:
a) O número da licença;

b) A denominação social e a sede;
c) Tratando-se de sociedade com sede efectiva noutro Estado da União Europeia, a denominação da respectiva representação permanente;
d) O número de identificação de pessoa colectiva;
e) O início e termo de validade da licença.

14.º – Cartões de identificação de administradores, gerentes ou directores

Os cartões de identificação a que se refere o n.º 2 do artigo 5.º do Decreto-Lei n.º 211/2004, de 20 de Agosto, são emitidos e fornecidos pelo IMOPPI aos administradores, gerentes e directores das empresas licenciadas e deles devem constar as seguintes menções:
a) O nome do representante legal;
b) A denominação social da empresa;
c) O número da licença e respectiva data de validade.

15.º – Cartões de identificação de angariadores imobiliários

Os cartões de identificação a que se refere o n.º 2 do artigo 24.º do Decreto-Lei n.º 211/2004, de 20 de Agosto, são emitidos e fornecidos pelo IMOPPI aos angariadores imobiliários com inscrição em vigor e deles devem constar as seguintes menções:
a) A firma;
b) O número de inscrição e respectiva data de validade;
c) O número de identificação fiscal de empresário em nome individual;
d) O domicílio;
e) Fotografia do rosto do requerente, tipo passe, obtida há menos de um ano, a cores e fundo liso, com boas condições de identificação e medidas adequadas ao modelo do cartão de identificação.

16.º – Adaptação do objecto social

Para efeitos do disposto no n.º 1 do artigo 53.º do Decreto-Lei n.º 211/2004, de 20 de Agosto, as empresas licenciadas à data da entrada em vigor do mesmo diploma e que exerçam outras actividades, para além da actividade de mediação imobiliária e de administração de imóveis por conta de outrem, devem comprovar que deixaram de as exercer.

17.º – Modelos

Os requerimentos e as declarações previstas no presente diploma são efectuados em modelo próprio e dirigidos ao presidente do conselho de administração do IMOPPI.

18.º – Entrada em vigor

A presente portaria produz efeitos à data da entrada em vigor do Decreto-Lei n.º 211/2004, de 20 de Agosto.

PORTARIA N.º 1328/2004
DE 19 DE OUTUBRO

Fixa os montantes das taxas devidas no âmbito dos procedimentos administrativos previstos no regime jurídico das actividades de mediação imobiliária e de angariação imobiliária

O Decreto-Lei n.º 211/2004, de 20 de Agosto, que estabelece o regime jurídico do exercício das actividades de mediação imobiliária e de angariação imobiliária, determina, no n.º 1 do artigo 36.º, que os procedimentos administrativos nele previstos, bem como os demais tendentes à boa execução do mesmo, estão sujeitos ao pagamento de taxas destinadas a cobrir os encargos com a gestão do sistema de ingresso e permanência nas actividades, bem como com a sua fiscalização.

De acordo com o disposto no n.º 2 do mesmo artigo, as taxas e os procedimentos administrativos acima referidos são fixados por portaria do ministro que tutela o Instituto dos Mercados de Obras Públicas e Particulares e do Imobiliário (IMOPPI).

Com a publicação da presente portaria instituem-se valores aplicáveis aos procedimentos administrativos, na sequência da regulamentação do exercício da actividade de angariação imobiliária, e procede-se à correcção dos valores das taxas devidas por procedimentos decorrentes do cumprimento de deveres das empresas de mediação para com o IMOPPI.

Por outro lado, convertem-se em euros os valores anteriormente estabelecidos.

Assim:

Ao abrigo do disposto no n.º 2 do artigo 36.º do Decreto-Lei n.º 211/2004, de 20 de Agosto:

Manda o Governo, pelos Ministros das Cidades, Administração Local, Habitação e Desenvolvimento Regional e das Obras Públicas, Transportes e Comunicações, o seguinte:

1.º Ficam sujeitos ao pagamento de taxas destinadas a cobrir os encargos com a gestão do sistema de ingresso e permanência nas actividades de mediação imobiliária e de angariação imobiliária, bem como com a sua fiscalização, os seguintes procedimentos:

a) Licenciamento para o exercício da actividade de mediação imobiliária;

b) Inscrição para a actividade de angariação imobiliária;

c) Revalidação da licença;

d) Revalidação da inscrição;

e) Registo de alteração de sede e de denominação social de empresa de mediação imobiliária;

f) Registo de alteração de firma e domicílio de angariador imobiliário;

g) Registo de abertura de estabelecimentos;

h) Emissão de licença em segunda via;

i) Emissão de cartão de identificação de administrador, gerente ou director de empresa de mediação em segunda via;

j) Emissão de cartão de identificação de angariador imobiliário em segunda via;

l) Emissão de certidões;

m) Inscrição em exame de capacidade profissional.

2.º A taxa devida pelo licenciamento e pela revalidação das licenças tem por valor três vezes o índice 100 da escala salarial das carreiras de regime geral do sistema retributivo da função pública em vigor à data em que a taxa se mostrar devida, doravante designado por índice 100.

3.º A taxa devida pela inscrição e pela revalidação da inscrição tem por valor o índice 100.

4.º A taxa devida pelo procedimento previsto na alínea *e)* do artigo 1.º tem por valor 50% do índice 100.

5.º A taxa devida pelo procedimento previsto na alínea *f)* do artigo 1.º tem por valor 20% do índice 100.

6.º A taxa devida pelo registo de abertura de um ou mais estabelecimentos tem por valor 20% do índice 100.

7.º A taxa referida no n.º 2.º inclui a taxa devida pelo primeiro registo de abertura de estabelecimentos.

8.º A taxa devida pela emissão de licença em segunda via tem por valor € 100.

9.º A taxa devida pelos procedimentos previstos nas alíneas *i*) e *j*) do n.º 1.º tem por valor € 25.

10.º O agravamento das taxas previsto no n.º 4 do artigo 9.º, no n.º 7 do artigo 10.º, no n.º 4 do artigo 28.º e no n.º 7 do artigo 29.º do Decreto-Lei n.º 211/2004, de 20 de Agosto, é de 50% do valor da taxa devida.

11.º O agravamento das taxas previsto no n.º 5 do artigo 10.º do citado diploma é de 50% do índice 100.

12.º O agravamento das taxas previsto no n.º 5 do artigo 29.º do citado diploma é de 20% do índice 100.

13.º Os valores obtidos pela aplicação das regras estabelecidas nos n.ºs 2.º, 3.º, 4.º, 5.º, 6.º, 7.º, 10.º, 11.º e 12.º da presente portaria são sempre arrendondados para a unidade de euros imediatamente superior.

14.º A taxa devida pela emissão de certidões até cinco páginas é de € 25, a que acresce € 1 por cada página a mais.

15.º A taxa devida pela inscrição no exame para efeitos de comprovação da capacidade profissional tem por valor € 25.

16.º A presente portaria produz efeitos à data da entrada em vigor do Decreto-Lei n.º 211/2004, de 20 de Agosto.

DESPACHO CONJUNTO N.º 707/2004, DE 3 DE DEZEMBRO

(Publicado no D.R. n.º 283, série II, de 3 de Dezembro de 2004)

A Portaria n.º 1326/2004, de 19 de Outubro, que estabelece a avaliação da capacidade profissional, bem como os critérios de adequação da formação, no acesso e manutenção nas actividades de mediação imobiliária e angariação imobiliária, prevê que a formação inicial se adquire através da aprovação em exame, revestindo também este exame uma das modalidades possíveis para realização de formação contínua, nos termos, respectivamente, do n.º 1 do número 7.º e da alínea d) do n.º 2 do número 9.º.

As matérias objecto do exame são definidas por despacho do ministro que tutela o IMOPPI, nos termos do n.º 3 do número 7.º do mesmo diploma.

Assim, ao abrigo do n.º 3 do número 7.º da Portaria n.º 1326/2004, de 19 de Outubro, determino o seguinte:

1 – Os exames realizados para efeitos de acesso e permanência na actividade de mediação imobiliária incidirão sobre as matérias seguintes:

a) Regime Jurídico das Actividades de Mediação Imobiliária e Angariação Imobiliária
    I) Actividade de Mediação Imobiliária
        i) O objecto da actividade de mediação imobiliária
        ii) Distinção entre esta actividade e as actividades de promoção imobiliária, administração de imóveis, gestão e administração de condomínios
        iii) Requisitos de acesso e manutenção na actividade de mediação imobiliária

iv) Licenciamento para o exercício da actividade de mediação imobiliária
Obtenção de licença
Revalidação de licença
Comunicação de alterações
Suspensão de licença
Cancelamento de licença
v) Deveres e obrigações das empresas de mediação imobiliária
vi) Requisitos dos estabelecimentos
vii) Remuneração pelos serviços de mediação imobiliária
viii) Contrato de mediação imobiliária
ix) Responsabilidade contra-ordenacional
x) Responsabilidade civil
xi) Obrigações decorrentes do regime do branqueamento de capitais
xii) Obrigações decorrentes do regime da ficha técnica de habitação

II) Actividade de Angariação Imobiliária
i) O objecto da actividade de angariação imobiliária
ii) Requisitos de acesso e manutenção na actividade de angariação imobiliária
iii) Inscrição para o exercício da actividade de angariação imobiliária
Inscrição
Revalidação de inscrição
Comunicação de alterações
Cancelamento de inscrição
iv) Deveres e obrigações dos angariadores imobiliários
v) Incompatibilidades no exercício da actividade de angariação imobiliária
vi) Retribuição pelos serviços de angariação imobiliária
vii) Responsabilidade contra-ordenacional
viii) Responsabilidade civil

b) Noções de Direito no Imobiliário
I) Natureza, efeitos e requisitos substanciais e formais de:
i) Contrato de mediação imobiliária

ii) Contrato-promessa
iii) Sinal e princípio de pagamento
iv) Compra e venda
v) Trespasse
vi) Arrendamento
II) Direitos reais
III) Garantias reais, ónus e encargos
IV) Noções básicas e práticas registrais e notariais
V) Resolução extrajudicial de conflitos

c) Fiscalidade no Imobiliário
I) Conceitos básicos
II) Imposto Municipal sobre as Transmissões Onerosas de Imóveis
III) Imposto Municipal sobre Imóveis
IV) IRC, IRS e IVA no que respeita às suas implicações no imobiliário

d) Técnicas e Patologias da Construção
I) Conceitos essenciais
II) Conteúdo da ficha técnica da habitação
III) Interpretação de peças escritas e desenhadas
IV) Exigências funcionais
V) Os materiais estruturais e as suas propriedades e aplicações
VI) Os elementos resistentes: materiais e técnicas de aplicação
VII) Coberturas das edificações e detalhes construtivos
VIII) Paredes das edificações: tipos de soluções
IX) Os vãos: materiais e soluções construtivas
X) Os revestimentos: tipos e soluções mais correntes
XI) Exigências técnicas: acústica, térmica e impermeabilizações
XII) Patologias da construção
XIII) Regime Geral das Edificações Urbanas

e) Introdução ao Mercado Imobiliário
I) Os diversos significados da palavra "imobiliário"
II) Conceitos económicos básicos
III) Conceitos elementares de economia do imobiliário
IV) As principais características do mercado imobiliário
V) Os grandes segmentos de bens do mercado imobiliário

VI) Os grandes segmentos de serviços do mercado imobiliário
VII) Intervenientes no mercado imobiliário
VIII) Perfil do mercado imobiliário português

f) Ética na Mediação Imobiliária
   I) O que é a Ética
   II) Ética, deontologia e legalidade. A teia das responsabilidades
   III) Um código de Ética exemplar para a mediação imobiliária
   IV) Responsabilidade para consigo próprio
   V) Responsabilidade para os que consigo trabalham
   VI) Responsabilidade para com os colegas de profissão
   VII) Responsabilidade para com os clientes
   VIII) Responsabilidade para com o público em geral

g) Princípios e Técnicas de Mediação Imobiliária
   I) A mediação imobiliária
      i) A mediação imobiliária como transacção de informação
      ii) Segmentação – um conceito essencial na mediação imobiliária
      iii) A mediação imobiliária como um serviço "facilitador"
   II) O processo de mediação imobiliária
      i) Angariação
      ii) Colocação no mercado
      iii) Negociação
      iv) Fecho
      v) Acompanhamento técnico

h) A Empresa de Mediação Imobiliária
   I) O negócio de mediação imobiliária
   II) O lançamento de uma empresa de mediação imobiliária
   III) Organização e gestão de uma empresa de mediação imobiliária
   IV) A gestão do processo de angariação
   V) A gestão do processo de vendas
   VI) A política de comissões/remunerações

i) Métodos Quantitativos Básicos
   I) Fracções, percentagens e proporções
   II) Juro

III) Anuidades
IV) Análise de investimentos
V) Inflação
VI) Problemas de taxas de juro dissimulados

j) Análise de Mercado Imobiliário
    I) Tipos de análises de mercado no imobiliário
        i) Objectivos da pesquisa
        ii) Profundidade da pesquisa
    II) Conceitos de procura e oferta no imobiliário
    III) Técnicas de recolha de dados
    IV) Definição de mercados, concorrência e posicionamento do imóvel
    V) Análise de *clusters*
    VI) Procura, viabilidade e análise de usos para a máxima e melhor utilização
    VII) Análise das taxas de captura e absorção

l) Conceitos Básicos de Valor Imobiliário
    I) Mediação imobiliária e opinião de valor
    II) Valor e valores
    III) Metodologia da avaliação imobiliária
    IV) Método comparativo de mercado
    V) Método do rendimento
    VI) Método do custo
    VII) A colheita de dados
    VIII) O relatório de avaliação

m) Operações Urbanísticas e Promoção Imobiliária
    I) Processo de urbanização
        i) Ordenamento do território: noções básicas e planos de ordenamento
        ii) Expropriações, loteamentos e outras operações urbanísticas
        iii) Licenciamento de obras particulares
    II) O processo de promoção
        i) Concepção da ideia
        ii) Apuramento da ideia
        iii) O estudo de viabilidade

iv) Negociação dos contratos
v) Fecho dos contratos
vi) Construção e acabamento
III) Os intervenientes no processo de promoção

n) Investimento Imobiliário
  I) Papel do investidor no mercado imobiliário
  II) Classificação dos tipos de investidores
  III) Caracterização dos diversos tipos de investidores
  IV) A relevância da qualidade do investimento para sofisticação de qualquer mercado imobiliário
  V) Perfil do investimento no mercado imobiliário português

o) Gestão Imobiliária
  I) O que é gestão imobiliária
  II) Os diversos tipos de gestão imobiliária
    i) Gestão de activos imobiliários de empresa
    ii) Gestão de instalações
    iii) Gestão de carteira
    iv) Gestão de património imobiliário
    v) Gestão de condomínios
  III) O processo de gestão imobiliária
    i) A grelha de actuação
    ii) Componentes
    iii) Funções
  IV) Perfil da gestão imobiliária em Portugal

p) *Marketing* Imobiliário
  I) Conceitos
  II) Mercado, segmentação e *intelligence*
  III) Administração do *marketing* – Mix
  IV) Planeamento de *marketing*
  V) Gestão e estratégias de *marketing*
  VI) Comunicação global
  VII) Publicidade

q) Financiamentos ao Imobiliário
  I) Conceitos essenciais
  II) As operações bancárias
  III) O plano financeiro da conta-empréstimo

IV) Crédito à habitação: regime geral
V) Crédito à habitação: regime bonificado
VI) Crédito à aquisição de imóvel: outros produtos

2 – Os exames realizados para efeitos de acesso e permanência na actividade de angariação imobiliária incidirão sobre as matérias discriminadas nas alíneas *a)*, *b)*, *c)*, *d)*, *e)*, *f)*, *g)*, *l)*, *m)*, *n)*, *p)* e *q)* do número anterior.

26 de Outubro de 2004 – O Ministro das Obras Públicas, Transportes e Comunicações, *António Luís Guerra Nunes Mexia*. – O Ministro das Cidades, Administração Local, Habitação e Desenvolvimento Regional, *José Luís Fazenda Arnaut Duarte*.

REGULAMENTO DO EXAME DE CAPACIDADE PROFISSIONAL PARA O ACESSO E PERMANÊNCIA NAS ACTIVIDADES DE MEDIAÇÃO IMOBILIÁRIA E ANGARIAÇÃO IMOBILIÁRIA

O Decreto-Lei n.º 211/2004, de 20 de Agosto, estabelece o regime jurídico das actividades de mediação imobiliária e angariação imobiliária, estipulando, como requisito de acesso e permanência, a posse de capacidade profissional. A Portaria n.º 1326/2004, de 19 de Outubro, que define a avaliação da capacidade profissional, bem como os critérios de adequação da formação, no acesso e permanência nas actividades de mediação imobiliária e angariação imobiliária, remete para regulamento, a aprovar pelo Instituto dos Mercados de Obras Públicas e Particulares e do Imobiliário (IMOPPI), a regulamentação dos exames relativos à capacidade profissional.

Assim:

Ao abrigo do disposto nos artigos 7.º e 26.º do Decreto-Lei n.º 211//2004, de 20 de Agosto e no n.º 2 do número 7.º da Portaria n.º 1326/2004, de 19 de Outubro, é aprovado o seguinte:

ARTIGO 1.º – **Objecto**

É estabelecido o Regulamento do Exame de Capacidade Profissional para acesso e permanência nas actividades de mediação imobiliária e angariação imobiliária.

ARTIGO 2.º – **Júri de exames**

1 – O júri para a realização e avaliação dos exames é constituído por um presidente e dois vogais, nomeados por despacho do presidente do conselho de administração do IMOPPI.

2 – As decisões do júri são tomadas por maioria, tendo o presidente voto de qualidade.

3 – O presidente do júri, em caso de impedimento, designará o seu substituto entre os restantes membros.

ARTIGO 3.º – **Tipos de exames**

1 – O exame a que se refere o número 7.º da Portaria n.º 1326/2004, de 19 de Outubro, é constituído por uma prova escrita, sem recurso a consulta de documentação, que poderá revestir a forma de perguntas de escolha múltipla.

2 – O exame tem a duração de uma hora, acrescida de trinta minutos de tolerância.

ARTIGO 4.º – **Organização dos exames**

1 – A organização dos exames, bem como as datas e locais de realização, é definida por despacho do presidente do conselho de administração do IMOPPI, até sessenta dias antes da realização dos mesmos.

2 – O IMOPPI deve organizar, no mínimo, três provas de exame, por ano.

ARTIGO 5.º – **Inscrição**

1 – As inscrições para os exames são apresentadas até trinta dias antes da data em que se realiza o exame.

2 – A inscrição deve conter os elementos de identificação do candidato e indicar o nível de escolaridade.

3 – A inscrição depende do pagamento da taxa prevista na alínea *m*) do número 1.º da Portaria n.º 1328/2004, de 19 de Outubro.

ARTIGO 6.º – **Comparência a exame**

1 – O candidato só pode realizar o exame se comparecer nos local e hora indicados, munido de bilhete de identidade ou de outro documento de identificação válido e em bom estado de conservação.

2 – Em caso de não comparência à realização das provas e a requerimento do interessado, pode o júri considerar justificada a falta, desde que determinada por motivos imprevistos e atendíveis, devidamente comprovados, sendo facultada ao candidato a possibilidade de realização de prova na época imediatamente seguinte, sem necessidade de pagamento de nova inscrição.

ARTIGO 7.° – Fraude, irregularidades ou situações anómalas

1 – A prova de exame é anulada em caso de:
a) fraude ou tentativa de fraude;
b) irregularidade ou situação anómala, nomeadamente a verificação de comportamentos impróprios, desrespeitosos ou que ponham em causa o normal decorrer da prova.

2 – A confirmação da fraude detectada após o termo da prova determina, igualmente, a anulação da prova.

3 – As fraudes, irregularidades ou situações anómalas detectadas no decurso da realização das provas de exame são sempre objecto de registo pela pessoa que assegure a fiscalização da prova.

4 – A anulação da prova de exame é objecto de confirmação pelo júri de exames, após consulta do registo mencionado no número anterior, devendo a mesma ser comunicada ao interessado.

5 – Da anulação da prova de exame cabe recurso para o presidente do conselho de administração do IMOPPI, desde que requerido pelo interessado, no prazo de dez dias a contar da respectiva confirmação pelo júri de exames.

ARTIGO 8.° – Publicação dos resultados

1 – As classificações dos exames são afixadas nas instalações da sede do IMOPPI e ou nas instalações de entidade que tenha sido autorizada para o efeito e divulgadas nas respectivas páginas electrónicas, no prazo de vinte dias a contar da data de realização do exame.

2 – A classificação final é expressa pela designação "Aprovado" ou "Reprovado".

3 – A aprovação depende da obtenção de, pelo menos, 70% de respostas certas no exame.

4 – Sempre que os exames sejam realizados por outra entidade, esta deve remeter ao IMOPPI a lista final dos candidatos aprovados e reprovados, na data em que a mesma seja afixada.

ARTIGO 9.° – Emissão de certificado

1 – O IMOPPI deve emitir certificado a todos os candidatos que tenham obtido aprovação em exame.

2 – O certificado é emitido em modelo próprio, a aprovar pelo conselho de administração do IMOPPI.

ARTIGO 10.º – **Revisão de provas**

1 – Em caso de reprovação no exame escrito, o candidato pode requerer ao presidente do conselho de administração do IMOPPI a revisão de provas nos dez dias posteriores à afixação da lista de classificações.

2 – O pedido de revisão é apresentado junto da entidade que realizou o exame.

3 – No caso do exame não ter sido realizado pelo IMOPPI, deve a entidade autorizada para o efeito, no prazo de cinco dias, remeter ao IMOPPI o pedido de revisão, acompanhado da respectiva prova e de outros elementos que interessem à decisão.

2 – A decisão, proferida nos vinte dias seguintes, é notificada ao reclamante.

ARTIGO 11.º – **Consulta de provas**

A consulta do original da prova escrita, requerida ao presidente do júri de exames no prazo previsto para a apresentação do pedido de revisão de provas, só pode ser efectuada na presença de um membro do júri ou do elemento por ele designado, nas instalações da sede do IMOPPI ou, no caso de exame realizado por outra entidade, da entidade que realizou o exame e em horário de atendimento público.

ARTIGO 12.º – **Fiscalização**

Compete ao IMOPPI fiscalizar, sempre que entenda necessário, todos os actos concernentes à realização dos exames.

ARTIGO 13.º – **Disposição Especial**

Os prazos previstos nos artigos 4.º, n.º 1 e 5.º, n.º 1 não são aplicáveis à primeira prova de exame a efectuar, se o IMOPPI verificar existirem condições para a realização da mesma em data que não permita o cumprimento daqueles prazos.

Aprovado pelo Conselho de Administração do IMOPPI em 19 de Novembro de 2004.

III
MODELOS, MINUTAS, CONTRATOS E REQUERIMENTOS

1. MODELO DA FICHA TÉCNICA DA HABITAÇÃO

FICHA TÉCNICA DA HABITAÇÃO

* provisória   definitiva

1. Prédio urbano / fracção autónoma

Morada Av. General Norton de Matos, n.º 383 e 383-A
Código Postal 4450 - 003   Matosinhos
Inscrito na matriz predial da freguesia de _____ art.º n.º _____
Registado na Conservatória do Registo Predial de _____ n.º _____
Identificação da fracção autónoma _____   Licença de utilização n.º _____ , emitida em ___/___/___
Alvará de licença de construção n.º 112/2004, emitido em 2004 /06 /29   prazo previsto para conclusão das obras 24 M

2. Promotor imobiliário   ou outro, nos termos do n.º 3 do artigo 3.º do D.L. 68/2004, de 25 de Março ▫

Nome Imobiliária Jardins do Futuro, SA NIPC 506487239

Morada Rua de Ceuta, 134, 1.º Código Postal 4150-234 Porto

3. Autor do projecto de arquitectura

Nome CG - Arquitectos Associados, Lda NIPC 502369874 n.º 152 OA *

Morada Rua da Cancelinha, 329, 3.º Código Postal 4200 - 053 Porto

4. Autores dos projectos de especialidades

ESTRUTURAS	Nome Manuel Lopes Amorim n.º 50 *OE ▫ANET ▫_____
DISTRIBUIÇÃO E DRENAGEM DE ÁGUAS	Nome Manuel Lopes Amorim n.º 50 *OE ▫ANET ▫_____
DISTRIBUIÇÃO DE ENERGIA ELÉCTRICA	Nome Carlos Alexandre Moreira n.º 303 ▫OE ▫ANET * DGE
DISTRIBUIÇÃO DE GÁS	Nome Carlos Moreira da Silva n.º_120 *OE ▫ANET ▫_____
DISTRIBUIÇÃO DE RADIODIFUSÃO E TELEVISÃO	Nome Carlos Alexandre Moreira n.º 303 ▫OE ▫ANET * DGE
INSTALAÇÕES TELEFÓNICAS	Nome Carlos Alexandre Moreira n.º ILL123456PI ▫OE ▫ANET *ICP

ISOLAMENTO TÉRMICO (RCCTE)	Nome Manuel Lopes Amorim n.º 50 *OE ☐ANET ☐_____
ISOLAMENTO ACÚSTICO	Nome Manuel Lopes Amorim n.º 50 *OE ☐ANET ☐_____
SEGURANÇA CONTRA INCÊNDIO	Nome Rui Guedes Sá n.º 250 ☐OE *ANET ☐_____
INSTALAÇÕES MECÂNICAS	Nome Rui Guedes Sá n.º 250 ☐OE *ANET ☐_____
_____	Nome_____ n.º_____ ☐OE ☐ANET ☐_____

5. Construtor   ou
administração directa ☐

Nome _____

NIF/NIPC _____ Alvará n.º_____

Morada _____ Código Postal ____-___ _____

6. Técnico responsável da obra

Nome _____

NIF/NIPC _____ _____ n.º_____

Morada _____ Código Postal ____-___ _____

Secção I – LOTEAMENTO

7. Descrição geral

N.º total de lotes | 1 | N.º total de edifícios | 3 | N.º de lugares de estacionamento público | 20 | N.º total de fogos | 42

N.º de edifícios por tipo de utilização:

Qt.	Tipo de utilização	Qt.	Tipo de utilização
3	Edifícios exclusivamente de habitação		

Equipamentos colectivos no loteamento, existentes ou previstos (E/P):

Qt.	Equipamento	E/P	Responsável pela promoção	Responsável pela gestão/manutenção
3	Jardim público	P	Imobiliária Jardins do Futuro, SA	O (s) proprietário (s)

III – Modelos, minutas, contratos e requerimentos 171

8. Planta de síntese do loteamento, cf. Portaria n.º 1110/2001, de 19 de Setembro
....ANEXO n.º ____

Secção II - EDIFÍCIO / PRÉDIO URBANO

9. Descrição geral do edifício

N.º do lote 1   Área de implantação do edifício 3539 m2
Utilização dominante do edifício: *Habitação multifamiliar   ▫Habitação unifamiliar   ▫Outra

N.º total de pisos | 8 | N.º de pisos acima do solo 7   N.º de pisos abaixo do solo 1   N.º total de ascensores 8

N.º total de fogos | 42 | Nº de fogos por tipologia: T0 ____   T1 ____   T2 12   T3 12   T4 12
≥T5 6

Outros tipos de utilização e respectivas localizações:

Tipo de utilização	Piso(s)	Tipo de utilização	Piso(s)
Estacionamento	-1		

Serviços acessórios:

Descrição	Área útil (m²)	Piso	Descrição	Área útil (m²)	Piso
Casa do porteiro	---------				
Sala de condóminos	---------				
Arrumos gerais do condomínio	---------				

N.º de lugares de estacionamento reservado aos moradores:
   Colectivo em garagem 27   Colectivo à superfície ____   Garagens privadas 14   Outro ____, qual?

Condições de acesso a pessoas com mobilidade condicionada:
   Altura máxima dos ressaltos existentes no percurso entre a rua de acesso e a entrada no edifício ____ cm
   Características da(s) rampa(s) de acesso:
      Inclinação máxima _6 %   Largura mínima 2.00 cm   Guardas(S/N)S   Comprimento máx. entre patamares de descanso 6 m
   Entrada no edifício e percurso até à entrada no fogo:
      Altura máxima do painel de campainhas 1.50 cm   Largura mínima da porta de entrada 1.10 cm
      Largura mínima das portas entre espaços comuns (incluindo portas corta-fogo) 90 cm
      Altura dos botões de chamada do ascensor 1.00 cm   Dimensão interior do ascensor 1.50 x 1.20 cm e largura mínima da porta 80 cm
      Meios mecânicos alternativos à subida de escadas ou degraus: Ascensor
   Outras instalações/equipamentos de apoio à mobilidade (ex.: avisadores sonoros, etc.): ------------------- ----------------

10. Fundações e estruturas

Tipos de fundações: *Sapatas □Estacas □Outro _____

Breve descrição da solução:

Tipos de estruturas: * Betão armado □Metálica □Mistas aço/betão □Madeira □Alvenaria
□Outro _____

Breve descrição da solução:

11. Coberturas

Tipos de coberturas: *Terraço □Inclinada □Outro _____

Breve descrição de todos os elementos constituintes, incluindo estrutura, revestimentos, isolamento térmico e respectiva espessura:

Breve descrição do sistema de drenagem de águas pluviais:

12. Paredes envolventes

Paredes exteriores e paredes encostadas ou comuns (meeiras) com outros edifícios, agrupadas por características construtivas semelhantes:

*Fachada(s) □Empena(s) exterior(es)   Orientação(ões):
□N *NE □E *SE □S □SW □W □NW

Espessura total 40 cm   □Pano simples
*Pano duplo □Outro _____

Breve descrição de todos os elementos constituintes, incluindo localização e espessura do isolamento térmico:

*Fachada(s) □Empena(s) exterior(es)   Orientação(ões):
□N □NE □E □SE □S □SW □W □NW

Espessura total 40 cm   □Pano simples
□Pano duplo □Outro_____

Breve descrição de todos os elementos constituintes, incluindo localização e espessura do isolamento térmico:

□Parede(s) encostada(s) * Parede(s) meeira(s)

Espessura total 25 cm   □Pano simples
*Pano duplo □Outro _____

Breve descrição de todos os elementos constituintes, incluindo localização e espessura do isolamento térmico:

..

13. Revestimentos de espaços comuns

Espaço	Piso	Paredes	Tecto
Átrio de entrada	Calçada Portuguesa	Madeira	Madeira Marítima
Espaços de distribuição (ex.: corredores, galerias, etc.)	Madeira	Estuque Pintado	Madeira Marítima
Escadas de distribuição	Calcário claro	Estuque pintado	Estuque pintado

14. Segurança contra intrusão

Breve descrição dos dispositivos de segurança contra intrusão, incluindo controlo de acessos e sistemas de alarme:

Porta de acesso ao Piso 1 com fechadura comandada por chave. Portão de acesso ao estacionamento (Piso -1) accionado por comando com sinal de rádio.

15. Segurança contra incêndio

Meios de detecção e alarme: *Automáticos   Locais: Piso -1 (Garagem e Arrumos)
* Dispositivos de accionamento manual   Locais: Piso -1 (Garagem e Arrumos)
Meios de extinção: *Extintores ▫Redes de incêndio armadas *Colunas secas ▫ Colunas húmidas ▫Sprinklers ▫_____
Outros equipamentos/dispositivos: *Controlo de fumos * Iluminação de emergência ▫Bloqueio automático de ascensores
* Sinalização dos caminhos de evacuação * Portas corta-fogo   ▫Elevador p/ uso prioritário dos bombeiros ▫_____

16. Gestão energética e ambiental

Controlo térmico de espaços comuns: ▫Aquecimento ☒Ar condicionado ▫Sistemas passivos ▫Outros_____
Ventilação de espaços comuns: * Natural ▫Mecânica, nos seguintes espaços: _____
Iluminação em espaços comuns: * Natural   * Artificial, com accionamento ▫Semi-automático (c/ temporizador) * Automático (c/ sensores)
Evacuação de lixos: ▫Recolha selectiva ▫Conduta(s) de recolha ▫Contentor(es)   * Compartimento/depósito de contentores
Ductos: * Água * Águas residuais * Gás * Electricidade
▫_____   ▫_____
Outros: ▫Colectores solares p/ aquecimento de água
▫_____   ▫_____

17. Equipamentos ruidosos

Qt.	Equipamentos ruidosos	Potência sonora	Localização, referindo se estão em espaços contíguos a espaços habitáveis
	Grupo hidropressor	Lw=____dB(A)	---------
	Gerador	Lw=____dB(A)	---------
	Máquinas dos ascensores	Lw=_50 dB(A)	Caixa do ascensor
	Automatismos de portas de garagens	Lw=_30 dB(A)	Garagem (piso -1)
	Sistema centralizado de ventilação	Lw=____dB(A)	---------
	Sistema de ar condicionado	Lw=_49 dB(A)	Cobertura do edifício
	Posto transformação de corr. eléctrica	Lw=____dB(A)	---------
	Outro_____	Lw=____dB(A	---------

Breve descrição das soluções de isolamento acústico e de isolamento face à transmissão de vibrações:

Apoios anti-vibráticos nos motores e na unidade exterior de ar condicionado.

18. Comunicação e entretenimento

Breve descrição do sistema de distribuição de sinal audio:

Breve descrição do sistema de distribuição de sinal video:

Breve descrição do sistema de comunicação de dados:

19. Outra informação

Instruções sobre uso e manutenção do edifício, equipamentos de uso comum e serviços contratados de manutenção:

Descrição	ANEXO n.º

☐ Regras de funcionamento do condomínio, ANEXO n.º_____

20. Materiais, equipamentos e fabricantes

Materiais de construção, com destaque para os de revestimento de fachadas e de espaços comuns:

Material	Local de aplicação	Fabricante

Equipamentos de uso comum instalados no edifício (ex.: ascensores, ventiladores/extractores, detectores de fumos e gases, etc.):

Equipamento	Localização	Fabricante	Garantia (anos)

Identificação dos fabricantes referidos nos quadros anteriores, com indicação de moradas e contactos:

Fabricante	Morada e contacto

21. Planta de implantação do edifício, cf. Portaria n.º 1110/2001, de 19 de Setembro .:..ANEXO n.º ____

22. Planta simplificada do piso de entrada, com indicação da orientação do edifício, e com a localização das portas
exteriores, circulações horizontais, escadas e ascensores
....ANEXO n.º ____

Secção III - HABITAÇÃO / FRACÇÃO AUTÓNOMA

23. Descrição geral da habitação

Orientação(ões) da(s) fachada(s): ☐N ☒NE ☐E ☒SE ☐S ☐SW ☐W ☐NW
Área bruta da habitação 130 m²
Tipologia do fogo: ☐T0 ☐T1 ☐T2 ☒T3 ☐T4 ☐≥T5____ N.º de pisos____ Área bruta do fogo _____m² Área útil do fogo _____m²
Área útil dos compartimentos/espaços do fogo:

Qt.	Compartimento/espaço	Área útil (m²)	Qt.	Compartimento/espaço	Área útil (m²)
1	Cozinha	15			
1	Sala	35			
1	WC serviço	4			
2	WC completo	6			
3	Quarto	20			
1	Dispensa	4			

Dependências do fogo (ex.: lugares em garagem, arrecadações, varandas, quintais, etc.):

Qt.	Dependência	Localização	Área útil (m²)
1	Varanda	Sala	2,5

24. Paredes

Paredes	Espessura total (cm)	Breve descrição de todos os elementos constituintes, incluindo localização e espessura do isolamento térmico
Paredes interiores de separação de compartimentos		
Paredes confinantes com outros fogos		
Paredes entre o fogo e os espaços comuns do edifício		
Paredes entre o fogo e a(s) caixa(s) do(s) elevador(es)		
Paredes entre o fogo e locais de comércio ou serviços		

25. Pavimentos e escadas

Pavimentos e escadas	Espessura total (cm)	Breve descrição de todos os elementos constituintes, incluindo localização e espessura de eventual isolamento térmico
Pavimentos entre fogos		
Pavimentos entre o fogo e locais de comércio ou serviços		
Pavimentos entre o fogo e garagem		
Esteira (separação entre o fogo e cobertura)		
Pavimentos intermédios do fogo (ex.: fogo em duplex, etc.)		
Escadas no interior do fogo		

26. Revestimentos

Descrição dos revestimentos por tipos de compartimentos/espaços do fogo:

Compartimento/espaço	Piso	Paredes	Tectos

27. Portas

Portas	Largura livre (cm)	Breve descrição da sua constituição
Porta principal de acesso ao fogo	0,90	Madeira
Porta(s) de acesso a espaços exteriores privados	0,90	Madeira
Porta(s) interior(es) local_____	0,90	Madeira
Porta(s) interior(es) local_____	0,90	Madeira
Porta(s) interior(es) local_____	0,90	Madeira

28. Janelas e sistemas de protecção dos vãos

Descrição das janelas, agrupadas por características semelhantes, referindo características especiais (tais como corte térmico na caixilharia, no preenchimento, ou em ambos, utilização de vidro acústico, etc.) e características certificadas, e indicando os compartimentos onde estão colocadas.

☒janela(s) simples ☐janela(s) dupla ☒de abrir ☐de correr ☐fixa ☐basculante ☐de guilhotina ☐oscilo-batente ☐ pivotante

Qt.	Dimensões (lxh em cm)	Material da caixilharia	Envidraçado (simples/duplo)	Características especiais	Características certificadas	Compartimentos
	___x___ ___x___					

Sistema de protecção dos vãos:

☐janela(s) simples ☐janela(s) dupla ☐de abrir ☐de correr ☐fixa ☐basculante ☐de guilhotina ☐oscilo-batente ☐ pivotante

Qt.	Dimensões (lxh em cm)	Material da caixilharia	Envidraçado (simples/duplo)	Características especiais	Características certificadas	Compartimentos
3	1,20 x 100 ___x___	Alumínio	Duplo			

Sistema de protecção dos vãos:

☒janela(s) simples ☐janela(s) dupla ☒de abrir ☐de correr ☐fixa ☐basculante ☐de guilhotina ☐oscilo-batente ☐ pivotante

Qt.	Dimensões (lxh em cm)	Material da caixilharia	Envidraçado (simples/duplo)	Características especiais	Características certificadas	Compartimentos
1	1,50 x1,20 ___x___	Alumínio	Duplo			

Sistema de protecção dos vãos:

29. Ventilação e evacuação de fumos e gases

Breve descrição do sistema de ventilação e evacuação de fumos e gases no interior do fogo:
Cozinha – exaustor com 3 velocidades;
I.S. – Extracção com válvulas automáticas; Caldeiras estranques; Admissão de ar pelos vãos da lavandaria
..

30. Instruções e garantia

Instruções sobre o uso e a manutenção da habitação e dos equipamentos nela incorporados:

Descrição	ANEXO n.º

Garantia da habitação:
Prazo   Descrição do modo de accionamento em caso de defeitos:
5
(anos)
..

31. Materiais, equipamentos e fabricantes

Materiais de construção, com destaque para os de revestimento de piso e de paredes:

Material	compartimento(s)/espaço(s)	Fabricante
Soalho flutuante	Quartos, salas e circulações	
Gesso em paredes	Quartos, salas e circulações	
Mármores	Pavimentos	
Granitos	Pavimentos	
Granitos	Instalações sanitárias	
Mármores	Instalações sanitárias	
Tintas	Todos	
Molduras	Tectos	

Equipamento e mobiliário incorporado na habitação, nomeadamente de cozinha e de casa de banho, aparelhos de ar condicionado, roupeiros, etc.:

Equipamento/mobiliário	compartimento(s)/espaço(s)	Fabricante	Garantia (anos)
Mob. Cozinha	Cozinha		
Caldeira + depósito	Lavandaria		
Torneiras	Cozinha e I.S.		
Radiadores	Quartos, salas		
Banheiras	I.S.		
Loiças sanitárias	I.S.		
Roupeiros	Quartos		
Válvulas ventilação			
Ferragens	Portas		
Iluminação	I.S.		
Quadro eléctrico	Hall		
Aparelhagem eléctrica	Todos		

Identificação dos fabricantes referidos no quadro anterior, com indicação de moradas e contactos:

Fabricante	Morada e contacto

32. **Planta simplificada do piso de acesso ao fogo**, com destaque para a localização do fogo e espaços comuns, e com indicação da localização de extintores portáteis e das saídas de emergência em caso de incêndio. Escala mínima 1:200 ....ANEXO n.º ____

33. **Planta(s) simplificada(s) da habitação**, com identificação de todos os compartimentos e a localização dos equipamento, fixos ou móveis, incorporados na habitação. Escala mínima 1:100
....ANEXO n.º ____

34. **Planta simplificada da rede de distribuição de água do fogo**, com o posicionamento dos ramais e prumadas em relação a pavimentos e paredes e indicação do material das tubagens e respectivo isolamento térmico. Escala mínima 1:100 ....ANEXO n.º ____

35. **Planta simplificada da rede de drenagem de águas residuais do fogo**, com o posicionamento dos ramais e prumadas em relação a pavimentos e paredes e indicação do material das tubagens. Escala mínima 1:100 ....ANEXO n.º ____

36. **Planta simplificada da rede de distribuição de energia eléctrica do fogo**, incluindo identificação do material de enfiamento dos cabos. Escala mínima 1:100
....ANEXO n.º ____

37. **Planta simplificada da distribuição de gás no fogo**, com indicação do material das tubagens e do tipo de gás a utilizar. Escala mínima 1:100
....ANEXO n.º ____

38. **Planta simplificada do sistema de climatização e aquecimento**, incluindo a localização dos equipamentos. Escala mínima 1:100
....ANEXO n.º ____

39. **Planta(s) simplificada(s) da(s) rede(s) de comunicação**, incluindo comunicação telefónica, comunicação de dados e comunicação de sinal audio e video. Escala mínima 1:100
....ANEXO n.º ____

OS RESPONSÁVEIS PELA INFORMAÇÃO (*)

_____

(assinatura do promotor imobiliário)

_____

(assinatura do técnico responsável da obra)

(*) No caso da versão provisória da Ficha, as assinaturas dos responsáveis pela informação constam da página seguinte.

Assinaturas dos autores dos projectos

ARQUITECTURA

ESTRUTURAS

DISTRIBUIÇÃO E DRENAGEM
DE ÁGUAS

DISTRIBUIÇÃO DE ENERGIA
ELÉCTRICA

DISTRIBUIÇÃO DE GÁS

DISTRIBUIÇÃO DE RADIODIFUSÃO
E TELEVISÃO

INSTALAÇÕES TELEFÓNICAS

ISOLAMENTO TÉRMICO (RCCTE)

ISOLAMENTO ACÚSTICO

_____

_____

_____

OBSERVAÇÕES

O presente modelo de Ficha Técnica da Habitação (FTH) respeita o articulado de D.L. n.º 68/2004, de 25 de Março, e serve os propósitos definidos no seu artigo 4.º, devendo ser utilizado nos casos em que as obras ainda não estão concluídas e se pretende fazer divulgação (cf. números 4 e 5 do mesmo artigo), sendo então denominada versão provisória, e/ou após a conclusão das obras (cf. números 2 e 3 do referido artigo), sendo então considerada versão definitiva. A utilização da FTH nestes diferentes momentos deve ser assinalada na primeira folha da Ficha, utilizando os itens previstos para o efeito. A versão provisória da Ficha não obriga à inclusão da informação assinalada com sombreado (cf. número 2 do artigo 11.º do D.L. n.º 68/2004).

A Ficha está estruturada em cinco partes distintas, mas complementares: uma folha inicial, com a identificação do prédio urbano/fracção autónoma objecto de venda e dos respectivos profissionais envolvidos; a Secção I, contendo informação referente ao loteamento; a Secção II, contendo informação referente ao edifício/prédio urbano; e a Secção III, contendo informação referente à habitação//fracção autónoma. Nas situações em que alguma das secções ou algum dos seus pontos não se aplique, o respectivo conteúdo deverá ser anulado com um traço na diagonal (exemplo: no caso de a habitação objecto de venda não fazer parte de uma promoção baseada num loteamento, anular toda a Secção I com um traço na diagonal).

Definições aplicáveis (cf. artigo 3.º do D.L. n.º 68/2004):

Habitação – unidade na qual se processa a vida de um agregado residente no edifício, a qual compreende o fogo e as suas dependências;

Fogo – conjunto de espaços e compartimentos privados nucleares de cada habitação – tais como salas, quartos, cozinha, instalações sanitárias, arrumos, despensa, arrecadações em cave ou em sótão (nos edifícios unifamiliares), corredores, vestíbulos –, conjunto esse confinado por uma envolvente que separa o fogo do ambiente exterior e do resto do edifício;

Dependências do fogo – espaços privados periféricos desse fogo – tais como varandas, balcões, terraços, arrecadações em cave ou em sótão (nos edifícios multifamiliares) ou em corpos anexos e os logradouros pavimentados, telheiros e alpendres (nos edifícios unifamiliares), espaços esses exteriores à envolvente que confina o fogo;

Espaços comuns – os espaços destinados a serviços comuns (átrios, comunicações horizontais e verticais, pisos vazados, logradouros e estacionamentos em cave nos edifícios multifamiliares) e espaços destinados a serviços técnicos;

Compartimento – espaço privado, ou conjunto de espaços privados directamente interligados, delimitado por paredes e com acesso através de vão ou vãos guarnecidos com portas ou com disposições construtivas equivalentes;

Planta simplificada – planta rigorosa e à escala, limpa de informação dispensável à perfeita compreensão do objecto de representação, por forma a melhor comunicar com o consumidor comum;

Serviços acessórios – os serviços de apoio residencial disponibilizados no acto da compra ou de arrendamento da habitação, tais como portaria e vigilância, salas equipadas para actividades especializadas e zonas exteriores ajardinadas e ou equipadas, designadamente, com mobiliário urbano ou instalações de lazer e recreio.

Área bruta da habitação, área bruta do fogo, área útil de um compartimento e área útil do fogo – aplicam-se as definições constantes do Regulamento Geral das Edificações Urbanas, aprovado pelo Decreto-Lei n.º 38 382, de 7 de Agosto de 1951, com as posteriores alterações.

2. MEDIAÇÃO IMOBILIÁRIA

2.1. Licenciamento

O pedido deve ser formulado em requerimento dirigido ao presidente do conselho de administração do IMOPPI, em modelo próprio do IMOPPI (Modelo **M1**).

O pedido de licenciamento pode ser efectuado por via postal ou directamente nas instalações do IMOPPI, na AV. Júlio Dinis, n.º 11, 1060-010 Lisboa, ou nas Lojas do Cidadão de Aveiro, Braga e Viseu.

Documentos:
- Fotocópia do cartão de identificação de pessoa colectiva;
- Certidão de matrícula na Conservatória do Registo Comercial;
- Fotocópia dos Bilhetes de Identidade dos administradores, gerentes ou directores ou, tratando-se de empresa com sede efectiva noutro Estado da União Europeia, dos mandatários da respectiva representação permanente em Portugal;
- Certificados de registo criminal dos administradores, gerentes ou directores ou, tratando-se de empresa com sede efectiva noutro Estado da União Europeia, dos mandatários da respectiva representação permanente em Portugal;
- Declaração de idoneidade comercial dos administradores, gerentes ou directores (Modelo M6) ou, tratando-se de empresa com sede efectiva noutro Estado da União Europeia, dos mandatários da respectiva representação permanente em Portugal;
- Declaração de idoneidade comercial da sociedade, assinada pelos representantes legais que a obriga (Modelo M7);
- Certificado de habilitações do administrador, gerente, director que confere capacidade profissional à empresa;
- Documento comprovativo da posse de formação inicial, pelo administrador, gerente ou director que confere capacidade profissional;

- Sendo a capacidade profissional comprovada por técnico, vinculado à empresa por contrato de trabalho a tempo completo:
  i. certificado de habilitações do técnico;
  ii. fotocópia do Bilhete de Identidade do técnico;
  iii. declaração de remunerações ou recibo de vencimento ou outro documento, de idêntica natureza, que comprove a existência de contrato de trabalho entre a empresa e o técnico;
- Apólice de seguro, nos termos da apólice uniforme para as entidades mediadoras, para garantia da responsabilidade civil, por danos causados no exercício da actividade;
- Documento comprovativo da regularidade da respectiva situação perante a Segurança Social ou, tratando-se de empresa constituída há menos de seis meses, comprovativo da respectiva inscrição;
- Documento emitido pela repartição de finanças da área da sede da requerente, comprovativo da regularidade da respectiva situação fiscal ou, tratando-se de empresa constituída há menos de seis meses, fotocópia da declaração de inscrição no registo/início de actividade, conforme entregue na repartição de finanças;
- Tratando-se de empresa constituída em ano anterior àquele em que é formulado o pedido, documento comprovativo de que a empresa possui capitais próprios positivos, subscrito pelos representantes legais que obrigam a sociedade e pelo respectivo técnico oficial de contas, fazendo prova da sua qualidade;
- Lista dos estabelecimentos de atendimento do público (Modelo M8);
- Lista dos representantes legais (Modelo M9).

2.2. Revalidação

O pedido deve ser formulado em requerimento dirigido ao presidente do conselho de administração do IMOPPI, em modelo próprio do IMOPPI (Modelo **M2**), acompanhado de todos os documentos comprovativos do preenchimento dos requisitos de permanência na actividade.

O pedido de revalidação pode ser efectuado por via postal ou directamente nas instalações do IMOPPI, na Av. Júlio Dinis, n.º 11, 1060-010 Lisboa, ou nas Lojas do Cidadão de Aveiro, Braga e Viseu.

Documentos:

- Certificados de registo criminal dos administradores, gerentes ou directores ou, tratando-se de empresa com sede efectiva noutro Estado da União Europeia, dos mandatários da respectiva representação permanente em Portugal;
- Documento comprovativo da regularidade da respectiva situação perante a segurança social;
- Documento, emitido pela repartição de finanças da área da sede da requerente, comprovativo da regularidade da respectiva situação fiscal;
- Documento comprovativo de que a empresa possui capitais próprios positivos, subscrito pelos representantes legais que obrigam a sociedade e pelo respectivo técnico oficial de contas, fazendo prova da sua qualidade.

2.3. Suspensão

O pedido de suspensão da licença deve ser formulado em requerimento dirigido ao presidente do conselho de administração do IMOPPI, em modelo próprio do IMOPPI (Modelo **M3**), acompanhado da licença e dos cartões de identificação dos administradores, gerentes ou directores.

Para levantar a suspensão da licença a empresa deve formular um requerimento dirigido ao presidente do conselho de administração do IMOPPI, em modelo próprio do IMOPPI (Modelo **M3**) e deverá comprovar a posse dos requisitos de ingresso na actividade.

2.4. Cancelamento

O pedido de cancelamento deve ser formulado em requerimento dirigido ao presidente do conselho de administração do IMOPPI, em modelo próprio do IMOPPI (Modelo **M4**), acompanhado da licença, dos cartões de identificação dos administradores, gerentes ou directores e da declaração de alteração ou cessação da actividade, conforme entregue na repartição das finanças.

2.5. Alterações

As alterações verificadas (quer seja nos requisitos que permitiram o ingresso na actividade, quer seja no contrato de sociedade das empresas) devem ser comunicadas dentro do prazo estabelecido na lei, por declaração (Modelo **M5**), acompanhada dos documentos comprovativos das alterações verificadas.

3. ANGARIAÇÃO IMOBILIÁRIA

3.1. Inscrição

O pedido deve ser formulado em requerimento dirigido ao presidente do conselho de administração do IMOPPI, em modelo próprio do IMOPPI (Modelo A1), acompanhado de todos os documentos comprovativos do preenchimento dos requisitos de acesso à actividade.

O pedido de inscrição pode ser efectuado por via postal ou directamente nas instalações do IMOPPI, na Av. Júlio Dinis, n.º 11, 1060-010 Lisboa, ou nas Lojas do Cidadão de Aveiro, Braga e Viseu.

Documentos:
- Fotocópia do cartão de identificação de empresário em nome individual;
- Fotocópia do Bilhete de Identidade;
- Certificado de registo criminal;
- Declaração de idoneidade comercial (Modelo A4);
- Certificado de habilitações literárias;
- Documento comprovativo da posse de formação inicial;
- Se a escolaridade mínima obrigatória for inferior a nove anos, documento comprovativo da posse de três anos de experiência profissional adequada;
- Documento comprovativo da regularidade da respectiva situação perante a Segurança Social ou, tendo iniciado a actividade há menos de seis meses, comprovativo da respectiva inscrição;
- Documento emitido pela repartição de finanças da área do domicílio do requerente, comprovativo da regularidade da respectiva situação fiscal ou, tendo iniciado a actividade há menos de seis meses, fotocópia da declaração de inscrição no registo/início de actividade, conforme entregue na repartição de finanças.

3.2. Revalidação

O pedido de revalidação deve ser formulado em requerimento dirigido ao presidente do conselho de administração do IMOPPI, em modelo próprio do IMOPPI (Modelo A2), acompanhado de todos os documentos comprovativos do preenchimento dos requisitos de acesso à actividade.

O pedido de revalidação da inscrição pode ser efectuado por via postal ou directamente nas instalações do IMOPPI, na Av. Júlio Dinis, n.º 11, 1060-010 Lisboa, ou nas Lojas do Cidadão de Aveiro, Braga e Viseu.

Documentos:

- Certificado de registo criminal;
- Documento comprovativo da regularidade da respectiva situação perante a segurança social;
- Documento, emitido pela repartição de finanças da área do domicílio do requerente, comprovativo da regularidade da respectiva situação fiscal.

3.3. Cancelamento

O pedido de cancelamento deve ser formulado em requerimento dirigido ao presidente do conselho de administração do IMOPPI, em modelo próprio do IMOPPI (Modelo **A3**), acompanhado do cartão de identificação e da declaração de alteração ou cessação da actividade, conforme entregue na repartição das finanças.

3.4. Alterações

As alterações ocorridas (quer seja nos requisitos que permitiram o ingresso na actividade, quer seja de outra natureza que impliquem actualização do registo dos angariadores imobiliários mantido pelo IMOPPI, ex.: alterações de firma, domicílio, número do bilhete de identidade e número de identificação fiscal, bem como as marcas usadas no exercício da respectiva actividade) devem ser comunicadas dentro do prazo estabelecido na lei, por declaração (modelo **A5**), acompanhada dos documentos comprovativos das alterações verificadas.

4. CONTRATOS DE MEDIAÇÃO IMOBILIÁRIA

CONTRATO DE MEDIAÇÃO IMOBILIÁRIA – COMPRA

Entre: _____, com sede social na _____ em _____ (Conselho), com o capital social de _____, e com o NIPC n.º_____, matriculada na Conservatória do Registo Comercial de _____, sob o n.º _____, detentora da licença n.º _____, emitida pelo Instituto dos Mercados de Obras Públicas e Particulares e do Imobiliário – IMOPPI, adiante designada como Mediadora, E (nome do cliente) _____, (estado civil) _____, sob o regime de bens _____, com (cônjuge) _____, residente(s) na _____, em _____, portador(es) do(s) B.I. n.ºˢ _____ e _____, e contribuinte fiscal n.º _____, adiante designado(s) como Segundo Contraente(s) na qualidade de proprietário, é celebrado o presente Contrato de Mediação Imobiliária que se rege pelas seguinte cláusulas:

Cláusula 1.ª Identificação do Imóvel

O Segundo Contraente é proprietário e legítimo possuidor da fracção autónoma / prédio (rústico/urbano) / estabelecimento comercial: destinado(a) a _____, sendo constituído por _____ divisões assoalhadas, com uma área total de ___ m^2, sito na Rua _____, freguesia de _____, concelho de _____–, descrito na Conservatória do Registo Predial de _____, sob a ficha n.º ___, com a licença de construção / utilização n.º __ emitida pela Câmara Municipal de _____, em ___/__/___ e inscrito na matriz predial (urbana / rústica) com o artigo n.º ___ da Freguesia de _____ / omisso na matriz ___

Cláusula 2.ª Identificação do negócio

A Mediadora obriga-se a diligenciar no sentido de conseguir interessado na compra, pelo preço de € _____ (extenso), desenvolvendo para o efeito, acções de promoção e recolha de informações sobre os negócios pretendidos e características dos respectivos imóveis.

Cláusula 3.ª Ónus e Encargos

a) O imóvel encontra-se livre de quaisquer ónus ou encargos, ou
b) O Segundo Contraente declara que sobre o imóvel descrito no número anterior recaem os seguintes ónus e encargos (hipotecas / penhoras) _____ pelo valor de € _____

Cláusula 4.ª Regime de Contratação

1 – O Segundo Contraente contrata a Mediadora em regime de:
Não exclusividade _____ Exclusividade _____
2 – Nos termos da legislação aplicável, quando o contrato é celebrado em regime de exclusividade só a Mediadora contratada tem o direito de promover o negócio objecto do contrato de mediação durante o respectivo período de vigência.

Cláusula 5.ª Remuneração

1 – A remuneração só será devida se a Mediadora conseguir interessado que concretize o negócio visado pelo presente contrato.
2 – Pela prestação dos serviços descritos na cláusula 2.ª, o Segundo Contratante obriga-se a pagar à Mediadora a título de remuneração a quantia de € _____ (…) acrescido do IVA à taxa legal de ___%.
3 – O pagamento da remuneração será efectuado nas seguintes condições:
a) O total da remuneração aquando da celebração da escritura ou conclusão do negócio visado ___, ou
b) ___ % após a celebração do contrato-promessa e o remanescente de ___% na celebração da escritura ou conclusão do negócio ____, ou
c) O total da remuneração aquando da celebração do contrato-promessa.

Cláusula 6.ª Obtenção de documentos

1 – No âmbito do presente contrato, a Mediadora, na qualidade de mandatária sem representação, obriga-se a prestar os serviços conducentes à obtenção da documentação necessária à concretização do(s) negócio(s) visado(s) pela mediação.

2 – a) Pela prestação dos serviços prestados no número anterior, o segundo contraente pagará a quantia de € _____ (extenso) acrescida de IVA à taxa legal de __%; ou

b) A remuneração pelos serviços referidos no número anterior considera-se incluída no montante acordado na cláusula 5.ª e só será devida nos termos aí descritos.

3 – Sem prejuízo do disposto no n.º 2, a Mediadora mantém, sempre, o direito ao reembolso das despesas efectuadas com a obtenção da documentação. (Nota: Cláusula facultativa).

Cláusula 7.ª Garantias da Actividade de Medição

Para garantia da responsabilidade emergente da sua actividade profissional, a Mediadora celebrou um contrato de seguro obrigatório de responsabilidade civil no valor de € _____ (extenso), apólice n.º _____, através da Seguradora "_____", bem como prestou uma caução no valor de € _____ (extenso), depositada a favor do IMOPPI, sendo esta na modalidade de _____ (seguro-caução, depósito bancário, garantia bancária ou título de dívida pública) constituída através da mesma entidade seguradora / Banco _____ com o n.º _____

Cláusula 8.ª Prazo de Duração do Contrato

O presente contrato tem uma validade de _____ (dias/meses) contados a partir da data da sua celebração, renovando-se automaticamente por iguais e sucessivos períodos de tempo, caso não seja denunciado por qualquer das partes contratantes através de carta registada com aviso de recepção ou outro meio equivalente, com a antecedência mínima de 10 dias em relação ao seu termo.

Cláusula 9.ª Dever de colaboração

O segundo Contraente colaborará com a Mediadora na entrega de todos os elementos julgados necessários e úteis no prazo de ____ (dias) a contar da data de assinatura do presente contrato.

Cláusula 10.ª Foro competente

Para dirimirem quaisquer litígios emergentes da execução do presente contrato, as partes acordam entre si, estabelecer como competente o foro a comarca de _____, com expressa renúncia a qualquer outro.
(Nota: Cláusula facultativa)

Depois de lido e ratificado, as partes comprometem-se a cumprir este contrato segundo os ditames da boa fé e vão assinar.

Feito em duplicado, destinando-se um exemplar a cada uma das partes intervenientes.

_____–, ____ de _____, de _____

A Mediadora,

O Segundo Contratante,

Contrato n.º _____ / _____

CONTRATO DE MEDIAÇÃO IMOBILIÁRIA – VENDA

Entre: _____, com sede social na _____ em _____ (Conselho), com o capital social de _____, e com o NIPC n.º_____, matriculada na Conservatória do Registo Comercial de _____, sob o n.º _____, detentora da licença n.º _____, emitida pelo Instituto dos Mercados de Obras Públicas e Particulares e do Imobiliário – IMOPPI, adiante designada como Mediadora, E (nome do cliente) _____, (estado civil) _____, sob o regime de bens _____, com (cônjuge) _____, residente(s) na _____, em _____ _____, portador(es) do(s) B.I. n.ºs _____ e _____, e contribuinte fiscal n.º _____, adiante designado(s) como Segundo Contraente(s) na qualidade de vendedor, é celebrado o presente Contrato de Mediação Imobiliária que se rege pelas seguintes cláusulas:

Cláusula 1.ª Identificação do negócio

A Mediadora obriga-se a diligenciar no sentido de conseguir interessado na venda de um imóvel com as características a seguir indicadas, pelo preço máximo de € _____ (extenso), desenvolvendo para o efeito, acções de promoção e recolha de informações sobre os negócios pretendidos e características dos respectivos imóveis.

Cláusula 2.ª Características do Imóvel

Fracção Autónoma (prédio urbano /rústico / estabelecimento comercial) destinado a _____, constituído por divisões assoalhadas, com uma área total aproximada de _____ m² sito na localidade de _____.

Cláusula 3.ª Regime de Contratação

1 – O Segundo Contraente contrata a Mediadora em regime de:
Não exclusividade _____; ou Exclusividade _____
2 – Nos termos da legislação aplicável, quando o contrato é celebrado em regime de exclusividade só a Mediadora contratada tem o direito de promover

o negócio objecto do contrato de mediação durante o respectivo período de vigência.

Cláusula 4.ª Remuneração

1 – Pela prestação dos serviços descritos na cláusula 2.ª, o Segundo Contratante obriga-se a pagar à Mediadora a título de remuneração a quantia de € _____ (_____) acrescido do I.V.A. à taxa legal de __%.
2 – O pagamento da remuneração será efectuado nas seguintes condições:
  a) O total da remuneração aquando da celebração da escritura ou conclusão do negócio visado; ou
  b) __% após a celebração do contrato-promessa e o remanescente de __% na celebração da escritura ou conclusão do negócio; ou
  c) O total da remuneração aquando da celebração do contrato-promessa.

Cláusula 5.ª Obtenção de documentos

1 – No âmbito do presente contrato, a Mediadora, na qualidade de mandatária sem representação, obriga-se a prestar os serviços conducentes à obtenção da documentação necessária à concretização do(s) negócio(s) visado(s) pela mediação.
2 – a) __ Pela prestação dos serviços previstos no número anterior, o segundo contratante pagará a quantia de € _____ (extenso) acrescida de I.V.A. à taxa legal de __%; ou
  b) A remuneração pelos serviços referidos no número anterior considera-se incluída no montante acordado na cláusula 5.ª e só será devida nos termos aí descritos.
3 – Sem prejuízo do disposto no n.º 2, a mediadora mantém, sempre, o direito ao reembolso das despesas efectuadas com a obtenção da documentação. (Nota: Cláusula facultativa)

Cláusula 6.ª Garantias da Actividade de Medição

Para garantia da responsabilidade emergente da sua actividade profissional, a Mediadora celebrou um contrato de seguro obrigatório de responsabilidade civil no valor de € _____ (extenso), apólice n.º _____, através da Seguradora "_____", bem como prestou uma caução no valor de € _____ (extenso), depositada a favor do IMOPPI, sendo esta na

modalidade de _____ (seguro-caução, depósito bancário, garantia bancária ou título de dívida pública) constituída através da mesma entidade segurador / Banco _____ com o n.° _____

Cláusula 7.ª Prazo de Duração do Contrato

O presente contrato tem uma validade de _____ (dias/meses) contados a partir da data da sua celebração, renovando-se automaticamente por iguais e sucessivos períodos de tempo, caso não seja denunciado por qualquer das partes contratantes através de carta registada com aviso de recepção ou outro meio equivalente, com a antecedência mínima de 10 dias em relação ao seu termo.

Cláusula 8.ª Dever de colaboração

O segundo Contraente colaborará com a Mediadora na entrega de todos os elementos julgados necessários e úteis no prazo de ____ (dias) a contar da data de assinatura do presente contrato.

Cláusula 9.ª Foro competente

Para dirimirem quaisquer litígios emergentes da execução do presente contrato, as partes acordam entre si, estabelecer como competente o foro da comarca de _____, com expressa renúncia a qualquer outro.
(Nota: Cláusula facultativa)

Depois de lido e ratificado, as partes comprometem-se a cumprir este contrato segundo os ditames da boa fé e vão assinar.

Feito em duplicado, destinando-se um exemplar a cada uma das partes intervenientes.

_____-, ____ de _____, de _____

A Mediadora

O Segundo Contratante

Contrato n.° _____ /_____

CONTRATO DE MEDIAÇÃO IMOBILIÁRIA – ARRENDAMENTO

Entre: _____, com sede social na _____ em _____ (Conselho), com o capital social de _____, e com o NIPC n.°_____, matriculada na Conservatória do Registo Comercial de _____, sob o n.° _____, detentora da licença n.° _____, emitida pelo Instituto dos Mercados de Obras Públicas e Particulares e do Imobiliário – IMOPPI, adiante designada como Mediadora, E (nome do cliente) _____, (estado civil) _____, sob o regime de bens _____, com (cônjuge) _____, residente(s) na _____, em _____, portador(es) do(s) B.I. n.ᵒˢ _____ e _____, e contribuinte fiscal n.° _____, adiante designado(s) como Segundo Contraente(s) na qualidade de senhorio, é celebrado o presente Contrato de Mediação Imobiliária que se rege pelas seguinte cláusulas:

Cláusula 1.ª Identificação do negócio

A Mediadora obriga-se a diligenciar no sentido de conseguir interessado no arrendamento de um imóvel com as características a seguir indicadas, pelo preço máximo de € _____ (extenso), desenvolvendo para o efeito, acções de promoção e recolha de informações sobre os negócios pretendidos e características dos respectivos imóveis.

Cláusula 2.ª Características do Imóvel

Fracção Autónoma (prédio urbano /rústico / estabelecimento comercial) destinado a _____, constituído por divisões assoalhadas, com uma área total aproximada de _____ m² sito na localidade de _____.

Cláusula 3.ª Regime de Contratação

1 – O Segundo Contraente contrata a Mediadora em regime de:
Não exclusividade _____ Exclusividade _____
2 – Nos termos da legislação aplicável, quando o contrato é celebrado em regime de exclusividade só a Mediadora contratada tem o direito de promover

o negócio objecto do contrato de mediação durante o respectivo período de vigência.

Cláusula 4.ª Remuneração

1 – Pela prestação dos serviços descritos na cláusula 2.ª, o Segundo Contraente obriga-se a pagar à Mediadora a título de remuneração a quantia de € _____ (_____) acrescido do I.V.A. à taxa legal de __%.

2 – O pagamento da remuneração será efectuado nas seguintes condições:
  a) O total da remuneração aquando da celebração da escritura ou conclusão do negócio visado ___
  b) __ % após a celebração do contrato-promessa e o remanescente de __% na celebração da escritura ou conclusão do negócio ___
  c) O total da remuneração aquando da celebração do contrato-promessa.

Cláusula 5.ª Obtenção de documentos

1 – No âmbito do presente contrato, a Mediadora, na qualidade de mandatária sem representação, obriga-se a prestar os serviços conducentes à obtenção da documentação necessária à concretização do(s) negócio(s) visado(s) pela mediação.

2 – a) Pela prestação dos serviços previstos no número anterior, o segundo contratante pagará a quantia de € _____ (extenso) acrescida de I.V.A. à taxa legal de __%; ou
  b) A remuneração pelos serviços referidos no número anterior considera-se incluída no montante acordado na cláusula 5.ª e só será devida nos termos aí descritos.

3 – Sem prejuízo do disposto no n.º 2, a mediadora mantém, sempre, o direito ao reembolso das despesas efectuadas com a obtenção da documentação. (Nota: Cláusula facultativa)

Cláusula 6.ª Garantias da Actividade de Medição

Para garantia da responsabilidade emergente da sua actividade profissional, a Mediadora celebrou um contrato de seguro obrigatório de responsabilidade civil no valor de € _____ (extenso), apólice n.º _____, através da Seguradora "_____", bem como prestou uma caução no valor de € _____ (extenso), depositada a favor do IMOPPI, sendo esta na

modalidade de _____ (seguro-caução, depósito bancário, garantia bancária ou título de dívida pública) constituída através da mesma entidade seguradora / Banco _____ com o n.º _____

Cláusula 7.ª Prazo de Duração do Contrato

O presente contrato tem uma validade de _____ (dias/meses) contados a partir da data da sua celebração, renovando-se automaticamente por iguais e sucessivos períodos de tempo, caso não seja denunciado por qualquer das partes contratantes através de carta registada com aviso de recepção ou outro meio equivalente, com a antecedência mínima de 10 dias em relação ao seu termo.

Cláusula 8.ª Dever de colaboração

O segundo Contratante colaborará com a Mediadora na entrega de todos os elementos julgados necessários e úteis no prazo de ____ (dias) a contar da data de assinatura do presente contrato.

Cláusula 9.ª Foro competente

Para dirimirem quaisquer litígios emergentes da execução do presente contrato, as partes acordam entre si, estabelecer como competente o foro da comarca de _____, com expressa renúncia a qualquer outro.
(Nota: Cláusula facultativa)

Depois de lido e ratificado, as partes comprometem-se a cumprir este contrato segundo os ditames da boa fé e vão assinar.

Feito em duplicado, destinando-se um exemplar a cada uma das partes intervenientes.

_____-, ____ de _____, de _____

A Mediadora

O Segundo Contratante

Contrato n.º _____ /_____

CONTRATO DE MEDIAÇÃO IMOBILIÁRIA – TRESPASSE

Entre: _____, com sede social na _____ em _____ (Conselho), com o capital social de _____, e com o NIPC n.º _____, matriculada na Conservatória do Registo Comercial de _____, sob o n.º _____, detentora da licença n.º _____, emitida pelo Instituto dos Mercados de Obras Públicas e Particulares e do Imobiliário – IMOPPI, adiante designada como Mediadora, E (nome do cliente) _____, (estado civil) _____, sob o regime de bens _____, com (cônjuge) _____, residente(s) na _____, em _____, portador(es) do(s) B.I. n.ºˢ _____ e _____, e contribuinte fiscal n.º _____, adiante designado(s) como Segundo Contraente(s) na qualidade de trespassante, é celebrado o presente Contrato de Mediação Imobiliária que se rege pelas seguinte cláusulas:

Cláusula 1.ª Identificação do negócio

A Mediadora obriga-se a diligenciar no sentido de conseguir interessado no trespasse de um imóvel com as características a seguir indicadas, pelo preço máximo de € _____ (extenso), desenvolvendo para o efeito, acções de promoção e recolha de informações sobre os negócios pretendidos e características dos respectivos imóveis.

Cláusula 2.ª Características do Imóvel

Fracção Autónoma (prédio urbano /rústico / estabelecimento comercial) destinado a _____, constituído por divisões assoalhadas, com uma área total aproximada de _____ m² sito na localidade de _____.

Cláusula 3.ª Regime de Contratação

1 – O Segundo Contratante contrata a Mediadora em regime de:
Não exclusividade _____; ou Exclusividade _____
2 – Nos termos da legislação aplicável, quando o contrato é celebrado em regime de exclusividade só a Mediadora contratada tem o direito de promover

o negócio objecto do contrato de mediação durante o respectivo período de vigência.

Cláusula 4.ª Remuneração

1 – Pela prestação dos serviços descritos na cláusula 2.ª, o Segundo Contraente obriga-se a pagar à Mediadora a título de remuneração a quantia de € _____ (_____) acrescido do I.V.A. à taxa legal de ___%.
2 – O pagamento da remuneração será efectuado nas seguintes condições:
   a) O total da remuneração aquando da celebração da escritura ou conclusão do negócio visado; ou
   b) __ % após a celebração do contrato-promessa e o remanescente de __% na celebração da escritura ou conclusão do negócio; ou
   c) O total da remuneração aquando da celebração do contrato-promessa.

Cláusula 5.ª Obtenção de documentos

1 – No âmbito do presente contrato, a Mediadora, na qualidade de mandatária sem representação, obriga-se a prestar os serviços conducentes à obtenção da documentação necessária à concretização do(s) negócio(s) visado(s) pela mediação.
2 – a) Pela prestação dos serviços previstos no número anterior, o segundo contratante pagará a quantia de € _____ (extenso) acrescida de I.V.A. à taxa legal de __%; ou
   b) A remuneração pelos serviços referidos no número anterior considera-se incluída no montante acordado na cláusula 5.ª e só será devida nos termos aí descritos.
3 – Sem prejuízo do disposto no n.º 2, a mediadora mantém, sempre, o direito ao reembolso das despesas efectuadas com a obtenção da documentação.
(Nota: Cláusula facultativa)

Cláusula 6.ª Garantias da Actividade de Medição

Para garantia da responsabilidade emergente da sua actividade profissional, a Mediadora celebrou um contrato de seguro obrigatório de responsabilidade civil no valor de € _____ (extenso), apólice n.º _____, através da Seguradora "_____", bem como prestou uma caução no valor de € _____ (extenso), depositada a favor do IMOPPI, sendo esta na

modalidade de _____ (seguro-caução, depósito bancário, garantia bancária ou título de dívida pública) constituída através da mesma entidade seguradora / Banco _____ com o n.º _____

Cláusula 7.ª Prazo de Duração do Contrato

O presente contrato tem uma validade de _____ (dias/meses) contados a partir da data da sua celebração, renovando-se automaticamente por iguais e sucessivos períodos de tempo, caso não seja denunciado por qualquer das partes contratantes através de carta registada com aviso de recepção ou outro meio equivalente, com a antecedência mínima de 10 dias em relação ao seu termo.

Cláusula 8.ª Dever de colaboração

O segundo Contratante colaborará com a Mediadora na entrega de todos os elementos julgados necessários e úteis no prazo de ____ (dias) a contar da data de assinatura do presente contrato.

Cláusula 9.ª Foro competente

Para dirimirem quaisquer litígios emergentes da execução do presente contrato, as partes acordam entre si, estabelecer como competente o foro da comarca de _____, com expressa renúncia a qualquer outro.
(Nota: Cláusula facultativa)

Depois de lido e ratificado, as partes comprometem-se a cumprir este contrato segundo os ditames da boa fé e vão assinar.

Feito em duplicado, destinando-se um exemplar a cada uma das partes intervenientes.

_____–, ____ de _____, de _____

A Mediadora

O Segundo Contratante

Contrato n.º _____ /_____

CONTRATO DE MEDIAÇÃO IMOBILIÁRIA – TRESPASSE

Entre: _____, com sede social na _____ em _____ (Conselho), com o capital social de _____, e com o NIPC n.º_____, matriculada na Conservatória do Registo Comercial de _____, sob o n.º _____, detentora da licença n.º _____, emitida pelo Instituto dos Mercados de Obras Públicas e Particulares e do Imobiliário – IMOPPI, adiante designada como Mediadora, E (nome do cliente) _____, (estado civil) _____, sob o regime de bens _____, com (cônjuge) _____, residente(s) na _____, em _____, portador(es) do(s) B.I. n.ºˢ _____ e _____, e contribuinte fiscal n.º _____, adiante designado(s) como Segundo Contraente(s) na qualidade de proprietário, é celebrado o presente Contrato de Mediação Imobiliária que se rege pelas seguinte cláusulas:

Cláusula 1.ª Identificação do negócio

A Mediadora obriga-se a diligenciar no sentido de conseguir interessado no trespasse de um imóvel com as características a seguir indicadas, pelo preço máximo de € _____ (extenso), desenvolvendo para o efeito, acções de promoção e recolha de informações sobre os negócios pretendidos e características dos respectivos imóveis.

Cláusula 2.ª Características do Imóvel

Fracção Autónoma (prédio urbano /rústico / estabelecimento comercial) destinado a _____, constituído por divisões assoalhadas, com uma área total aproximada de _____ m² sito na localidade de _____.

Cláusula 3.ª Regime de Contratação

1 – O Segundo Contraente contrata a Mediadora em regime de:
Não exclusividade _____ Exclusividade _____
2 – Nos termos da legislação aplicável, quando o contrato é celebrado em regime de exclusividade só a Mediadora contratada tem o direito de promover

o negócio objecto do contrato de mediação durante o respectivo período de vigência.

Cláusula 4.ª Remuneração

1 – Pela prestação dos serviços descritos na cláusula 2.ª, o Segundo Contraente obriga-se a pagar à Mediadora a título de remuneração a quantia de € _____ (_____) acrescido do I.V.A. à taxa legal de ___%.
2 – O pagamento da remuneração será efectuado nas seguintes condições:
 a) O total da remuneração aquando da celebração da escritura ou conclusão do negócio visado ___
 b) ___% após a celebração do contrato-promessa e o remanescente de ___% na celebração da escritura ou conclusão do negócio _____
 c) O total da remuneração aquando da celebração do contrato-promessa.

Cláusula 5.ª Obtenção de documentos

1 – No âmbito do presente contrato, a Mediadora, na qualidade de mandatária sem representação, obriga-se a prestar os serviços conducentes à obtenção da documentação necessária à concretização do(s) negócio(s) visado(s) pela mediação.
2 – a) Pela prestação dos serviços previstos no número anterior, o segundo contratante pagará a quantia de € _____ (extenso) acrescida de IVA à taxa legal de ___%; ou
 b) A remuneração pelos serviços referidos no número anterior considera-se incluída no montante acordado na cláusula 5.ª e só será devida nos termos aí descritos.
3 – Sem prejuízo do disposto no n.º 2, a mediadora mantém, sempre, o direito ao reembolso das despesas efectuadas com a obtenção da documentação.
(Nota: Cláusula facultativa)

Cláusula 6.ª Garantias da Actividade de Medição

Para garantia da responsabilidade emergente da sua actividade profissional, a Mediadora celebrou um contrato de seguro obrigatório de responsabilidade civil no valor de € _____ (extenso), apólice n.º _____, através da Seguradora "_____", bem como prestou uma caução no valor de € _____ (extenso), depositada a favor do IMOPPI, sendo esta na

modalidade de _____ (seguro-caução, depósito bancário, garantia bancária ou título de dívida pública) constituída através da mesma entidade seguradora / Banco _____ com o n.º _____

Cláusula 7.ª Prazo de Duração do Contrato

O presente contrato tem uma validade de _____ (dias/meses) contados a partir da data da sua celebração, renovando-se automaticamente por iguais e sucessivos períodos de tempo, caso não seja denunciado por qualquer das partes contratantes através de carta registada com aviso de recepção ou outro meio equivalente, com a antecedência mínima de 10 dias em relação ao seu termo.

Cláusula 8.ª Dever de colaboração

O segundo Contraente colaborará com a Mediadora na entrega de todos os elementos julgados necessários e úteis no prazo de ____ (dias) a contar da data de assinatura do presente contrato.

Cláusula 9.ª Foro competente

Para dirimirem quaisquer litígios emergentes da execução do presente contrato, as partes acordam entre si, estabelecer como competente o foro da comarca de _____, com expressa renúncia a qualquer outro.
(Nota: Cláusula facultativa)

Depois de lido e ratificado, as partes comprometem-se a cumprir este contrato segundo os ditames da boa fé e vão assinar.

Feito em duplicado, destinando-se um exemplar a cada uma das partes intervenientes.

_____-, ____ de _____, de _____

A Mediadora

O Segundo Contratante

5. CONTRATO DE PRESTAÇÃO DE SERVIÇOS DE ANGARIAÇÃO IMOBILIÁRIA

CONTRATO DE PRESTAÇÃO DE SERVIÇOS DE ANGARIAÇÃO IMOBILIÁRIA

ENTRE:

"**António Manuel Cunha – Angariador Imobiliário**", empresário em nome individual, inscrito no Instituto dos Mercados de Obras Públicas e Particulares e do Imobiliário – IMOPPI sob o n.º 327, contribuinte fiscal n.º 803 987 933, com domicílio profissional sito na Rua Estêvão Gama, n.º 37, 1.º, no Porto, adiante designado como Angariador, e

"**SOIMOBIL – Sociedade de Mediação Imobiliária, Lda**", com sede social na Av. Afonso Henriques, n.º 93, 2.º andar direito, em Matosinhos, com o capital social de € 20.000, e com o NIPC n.º 504 846 945, matriculada na Conservatória do Registo Comercial do Porto, sob o n.º 7723, detentora da licença n.º 826/03, emitida pelo Instituto dos Mercados de Obras Públicas e Particulares e do Imobiliário – IMOPPI, adiante designada como Mediadora, é celebrado

Contrato de Prestação de Serviços de Angariação Imobiliária, que se rege pelas seguintes cláusulas:

Cláusula 1.ª Objecto do Contrato

O Angariador obriga-se perante a Mediadora a diligenciar no sentido de desenvolver acções de prospecção e recolha de informações que visem encontrar o bem imóvel pretendido pelo cliente da mediadora, bem como a desenvolver acções de promoção dos bens imóveis sobre os quais o cliente da mediadora pretenda realizar negócio jurídico, designadamente através da sua divulgação, publicitação ou da realização de leilões.

Cláusula 2.ª Serviços de Documentação

O Angariador pode ainda prestar serviços de obtenção de documentação e de informação necessários à concretização dos negócios objecto do contrato de mediação imobiliária celebrados pela Mediadora.

Cláusula 3.ª Regime de Contratação

O Angariador presta serviços à Mediadora em regime de exclusividade na zona geográfica classificada como Grande Porto. ([1])

Cláusula 4.ª Dever de colaboração

No âmbito do presente contrato o Angariador compromete-se perante a Mediadora a colaborar no cumprimento dos seus deveres perante os interessados, nomeadamente quanto à certificação de:

a) Capacidade e legitimidade para contratar das pessoas intervenientes nos negócios que a Mediadora irá promover;

b) Correspondência entre as características do imóvel objecto do contrato de mediação e as fornecidas pelos interessados contratantes, bem como se sobre o mesmo recaem quaisquer ónus ou encargos;

c) Obter informação e fornecê-la aos interessados de forma clara, objectiva e adequada, sobre as características, composição, preço e condições de pagamento do bem imóvel em causa;

d) Propor com exactidão e clareza os negócios de que forem encarregadas, procedendo de modo a não induzir em erro os interessados;

e) Comunicar imediatamente aos interessados qualquer facto que ponha em causa a concretização do negócio visado.

Cláusula 5.ª Recebimento de quantias

O Angariador obriga-se a entregar de imediato à Mediadora todas as quantias que lhe sejam confiadas pelos interessados por conta dos negócios objecto dos contratos de mediação.

([1]) A cláusula de exclusividade é facultativa, pelo que deverá ser prevista obrigatoriamente no contrato de prestação de serviços de angariação imobiliária. A regra geral prevista na lei é a de não exclusividade da prestação dos serviços do angariador à empresa de mediação imobiliária.

Cláusula 6.ª Retribuição

1 – Pela prestação dos serviços de angariação imobiliária objecto deste contrato é devida uma retribuição ao Angariador prestada pela Mediadora equivalente a uma percentagem de 1,5% sobre o montante global do valor do negócio objecto do contrato de mediação.

2 – O pagamento da remuneração será efectuado nas seguintes condições:
  – 1% após a celebração do contrato-promessa e o remanescente de 0.5% na celebração da escritura ou conclusão do negócio.

3 – Pela prestação dos serviços previstos de obtenção da documentação necessária à concretização do negócio visado, a mediadora pagará ao Angariador a quantia de € 500 acrescida de I.V.A. à taxa legal de 19%;

4 – O Angariador compromete-se perante a Medidora a não cobrar ou receber dos interessados quaisquer quantias a título de retribuição pelos serviços prestados no âmbito do presente contrato.

Cláusula 7.ª Incompatibilidades

O Angariador compromete-se perante a Mediadora a:
a) Não exercer a sua actividade de prestação de serviços por interposta pessoa;
b) Não celebrar contratos de mediação imobiliária em nome e por conta da Mediadora;
c) Não intervir como parte interessada em negócio ou promessa de negócio para cuja mediação tenha sido contratada a Mediadora ou no caso de negócio celebrado entre terceiro e a Mediadora e sociedade de que o Angariador seja sócio ou o seu cônjuge, seus descendentes ou ascendentes do 1.º grau.

Cláusula 8.ª Arquivo do contrato

O Angariador obriga-se a arquivar o presente contrato, a mantê-lo actualizado e a conservá-lo durante o prazo de 5 anos a contar da presente data de celebração.

Cláusula 9.ª Prazo de Duração do Contrato

O presente contrato tem uma validade de 1 ano contado a partir da data da sua celebração, renovando-se automaticamente por iguais e sucessivos períodos de tempo, caso não seja denunciado por qualquer das partes contratantes através de carta registada com aviso de recepção ou outro meio equivalente, com a antecedência mínima de 10 dias em relação ao seu termo.

Cláusula 10.ª Foro competente

Para dirimirem quaisquer litígios emergentes da execução do presente contrato, as partes acordam entre si, estabelecer como competente o foro da comarca do Porto, com expressa renúncia a qualquer outro.

Depois de lido e ratificado, as partes comprometem-se a cumprir este contrato segundo os ditames da boa fé e vão assinar.

Feito em duplicado, destinando-se um exemplar a cada uma das partes intervenientes.

_____-, ____ de _____, de _____

O Angariador,

A Mediadora,